Mário contra Macunaíma

SERVIÇO SOCIAL DO COMÉRCIO
Administração Regional no Estado de São Paulo

Presidente do Conselho Regional
Abram Szajman
Diretor Regional
Luiz Deoclecio Massaro Galina

Conselho Editorial
Ricardo Gentil
Rosana Paulo da Cunha
Marta Raquel Colabone
Jackson Andrade de Matos

Edições Sesc São Paulo
Gerente Iã Paulo Ribeiro
Gerente adjunto Francis Manzoni
Editorial Cristianne Lameirinha
Assistente: Maria Elaine Andreoti
Produção gráfica Fabio Pinotti
Assistente: Ricardo Kawazu

Carlos Sandroni

Mário contra Macunaíma
Cultura e política em Mário de Andrade

2ª edição revista e atualizada

© Carlos Sandroni, 2024
© Edições Sesc São Paulo, 2024
Todos os direitos reservados

1ª edição: Vértice, 1988.

Preparação Silvana Vieira
Revisão Rosangela Barros da Silva, Vanessa Paulino da Silva
Projeto gráfico e diagramação Cristina Gu
Ilustração de capa Allan Gandhi
Foto da ilustração Ana Pigosso

Dados Internacionais de Catalogação na Publicação (CIP)

Sandroni, Carlos
Mário contra Macunaíma: cultura e política em Mário de Andrade / Carlos Sandroni. — São Paulo: Edições Sesc São Paulo, 2024. — 228 p. il.

ISBN: 978-85-9493-291-4

1. Brasil. Literatura. Romance. Política. Cultura. Mário de Andrade. Macunaíma. São Paulo (cidade). Aspectos sociais. I. Título. II. Subtítulo.

Sa572m   CDD 869.965

Elaborada por Maria Delcina Feitosa CRB/8-6187

EDIÇÕES SESC SÃO PAULO
Rua Serra da Bocaina, 570 — 11º andar
03174-000 — São Paulo SP Brasil
Tel.: 55 11 2607-9400
edicoes@sescsp.org.br
sescsp.org.br/edicoes
🅵 🆇 🅾 ▢ /edicoessescsp

Para Cícero e Laura, meus pais.

08 Apresentação — Mário de Andrade e o caminho das pedras para se pensar o Brasil
Luiz Deoclecio Massaro Galina

13 Preâmbulo

17 Introdução

32 **Capítulo I — Mário contra Macunaíma**

88 **Capítulo II — Um sabor de Joana D'Arc**

116 **Capítulo III — O Departamento de Cultura**

Os modernistas no poder 121

Uma cidade ao microscópio 135

Robustez infantil 151

Divertimentos públicos 163

As bandeiras da nova mentalidade 180

198 **Conclusão — Um escritor difícil**

212 Referências

226 Agradecimentos

227 Sobre o autor

Mário de Andrade e o caminho das pedras para se pensar o Brasil

—

Luiz Deoclecio Massaro Galina
Diretor do Sesc São Paulo

O professor e pesquisador Carlos Sandroni, ainda quando mestrando em Ciência Política nos anos de 1980, foi instado a dizer como abordaria o pensamento de Mário de Andrade (1893-1945) diante da fecunda produção já existente sobre a obra do autor de *Macunaíma*. De forma provocativa, um de seus professores lhe perguntou se ele iria "encaixar mais uma pedrinha" no "grande monumento nacional" à memória de um dos símbolos do modernismo no Brasil. Àquela altura, livros, filmes, discos, exposições, artigos, entre outras criações, discutiam largamente a fortuna crítica do escritor, musicólogo e pesquisador paulistano, o que viria a se amplificar, na década seguinte, com a celebração do centenário do seu nascimento.

A resposta de Sandroni foi revirar a imagem de Mário de Andrade como pensador de um Brasil brasileiro e de uma "entidade nacional". Para isso, ele revisitou a atuação do intelectual à frente do Departamento de Cultura e Recreação de São Paulo, de 1935 a 1938. Esse órgão municipal inaugurou uma das primeiras experiências de política pública de cultura no Brasil, cabendo a Mário e a sua equipe formular e implementar ações nesse sentido. É sabido que o escritor exerceu o cargo de diretor de forma devotada, comprometido a pôr em prática uma ação ambiciosa que tivesse influência em nível nacional.

De acordo com Sandroni, Mário de Andrade correspondeu à visão de mundo de uma elite que pensava *cultura* como eixo de uma modernidade desejada. Civilidade, educação, conhecimento e racionalidade administrativa eram alguns dos conceitos subjacentes a esse projeto. É importante, nesse contexto, perceber que o Departamento de Cultura e Recreação surgiu no mesmo período em que foram criados, no Brasil, importantes centros de ensino e pesquisa, como a Escola Livre de Sociologia e Política e a Universidade de São Paulo. Em consonância, houve um notável protagonismo assumido pelas ciências sociais, sobretudo a sociologia e a antropologia.

Na argumentação do autor, Mário de Andrade teria encontrado sua singularidade como gestor ao não ter se distanciado do escritor multifacetado que era. Sua ação política era também uma ação poética fundada numa ideia de brasilidade que lhe era cara. Mas, homem de seu tempo, essa brasilidade precisava ser aferida à luz de uma cientificidade de matrizes europeias — eurocentrada, diríamos hoje —, daí, entre outros feitos, a organização da lendária Missão de Pesquisas Folclóricas, que percorreu o Brasil documentando manifestações da cultura popular, em bases etnográficas. Ou seja, para encontrar Macunaíma, o "herói sem caráter", ou sem ciência, sem sistema, sem método, seria preciso olhar para os modelos do Velho Mundo.

O livro que chega às mãos do leitor, quase quarenta anos após a defesa da dissertação e de sua primeira edição, também tem sua pedra de toque na distância temporal. Aos olhos de hoje, a pesquisa suscita várias reflexões. Uma delas: como novas indagações e o trabalho com as fontes podem renovar o sentido de fatos históricos e dos fenômenos a eles associados?; ou, então, como o conceito de cultura foi sendo apropriado no Brasil, no decorrer das décadas, iluminando questões no tempo presente?; e, ainda, de que forma a academia incorporou estudos sobre política cultural, inspirando pesquisas e práticas, à formação e à qualificação de profissionais nessa área?

Por fim, o livro *Mário contra Macunaíma: cultura e política em Mário de Andrade*, ao lançar um olhar que oscila entre um passado mais distanciado, palco da ação de Mário, e outro mais recente, no qual a obra de Sandroni nasceu, beneficia novos gestores e gestoras nessa tarefa cotidiana e necessária de pensar as muitas culturas dos muitos brasis.

Essa é aliás a maior falha da composição musical brasileira, e que a faz tão enjoativamente cair num negrismo decorativista: é que ainda não se inventou o "alegro" brasileiro. Mas me refiro ao "alegro" mesmo, o alegro melódico de caráter anticoreográfico, incapaz de cair na dança. [...] É urgente criar o alegro brasileiro sem caráter coreográfico. O alegro é a coisa mais difícil da criação erudita, porque embora coletivista e violentamente coletivizador por causa do seu dinamismo, ele é no entanto antifolclórico. O povo não tem alegros. O alegro é elemento urbano, erudito e civilizador, mas é sempre extracultural [...]. Os andamentos moderados são culturais: têm a sua base e a sua fonte no povo. Mas o alegro, extracoreográfico, é elemento erudito e civilizador. [...] Porque seu dinamismo é propício às massas da cidade de Londres como de Maceió.

Mário de Andrade, *O banquete*

De certa maneira, o Macunaíma *foi escrito por Mário contra si mesmo.*

Haroldo de Campos, *Morfologia do Macunaíma*

O movimento de Mário nasce da sua contradição.

Telê Ancona Lopez, *Mário de Andrade: ramais e caminhos*

Preâmbulo

Este livro foi originalmente minha dissertação de mestrado em ciência política, defendida no Instituto Universitário de Pesquisas do Rio de Janeiro (Iuperj), em junho de 1987, com o título *Um sabor de Joana D'Arc: cultura e política em Mário de Andrade*. Sou grato à instituição, especialmente a meu orientador César Guimarães, por ter acolhido e apoiado uma pesquisa com tema pouco usual na ciência política então ali praticada. Política cultural é obviamente assunto pertinente ao estudo de políticas públicas, área temática reconhecida, por exemplo, no site da Associação Brasileira de Ciência Política[1]. Mas se, de 1987 até a data em que agora escrevo (2023), os estudos sobre política cultural se multiplicaram no Brasil, eles se abrigaram prioritariamente em outras áreas, como sociologia, comunicação e história. Ilustro essa afirmação da seguinte forma: nomes entre os mais citados em estudos sobre políticas culturais no Brasil, Teixeira Coelho, Isaura Botelho, Albino Rubim e Lia Calabre tiveram doutorados e atuações profissionais nas áreas mencionadas, não em ciência política. Não sei que conclusões tirar disso, mas o fato é que, contrariando a possível tendência que acabo de expor, meu mestrado sobre política cultural foi produzido na área de ciência política e em uma instituição reconhecida, aliás, por sua qualidade nessa área[2]. Minha banca examinadora foi for-

---

1 Disponível em: <https://cienciapolitica.org.br/web/pt-br/institucional/areas-tematicas>. Acesso em: 15 jan. 2023.

2 O Iuperj é uma instituição de ensino e pesquisa em ciências sociais criada em 1969, na Universidade Cândido Mendes, no Rio de Janeiro. Em 2010, foi incorporado à Universidade do Estado do Rio de Janeiro (Uerj),

mada por Luiz Werneck Vianna[3], sociólogo, e por Sérgio Abranches, cientista político. (Nos idos de 1987 não havia, como hoje, a obrigação de incluir na banca um membro externo à instituição).

César Guimarães, meu orientador no mestrado, é um cientista político. Infelizmente, não o vejo há muito tempo, e prefiro recorrer a palavras de alunos mais recentes — nas quais o reconheço plenamente — para descrevê-lo com justiça: "Como se desconhecesse os muros construídos entre as disciplinas, ele adentra a Sociologia, a Política, a Filosofia, o Direito, a História e a Economia com naturalidade, como se as divisões entre umas e outras fossem apenas prateleiras que deselegantemente separam pensamentos"[4].

*

Quando comecei as pesquisas que dariam origem ao presente trabalho, um de meus professores me surpreendeu com a seguinte pergunta: "Então, você vai encaixar mais uma pedrinha neste grande monumento nacional à memória de Mário de Andrade?".

A indagação me desconcertou, soando como um duro questionamento à validade da empreitada a que me pro-

---

passando a chamar-se Instituto de Estudos Sociais e Políticos (Iesp) e funcionando no mesmo local (rua da Matriz, 82, Botafogo).

3 Luiz Werneck Vianna faleceu a 21 de fevereiro de 2024, quando este livro estava nas etapas finais de preparação. Deixo aqui registrada minha gratidão pelos estímulos que recebi dele, seja através de seu livro sobre relações trabalhistas em São Paulo, que citarei diversas vezes (Vianna, 1976), seja através dos comentários que fez sobre meu trabalho, na banca e em outras ocasiões.

4 Moravia e Rezende, "César Guimarães, um professor".

punha. A verdade é que na escolha do tema de minha dissertação de mestrado tinha exercido importante papel a admiração que desde a adolescência eu devotava ao escritor. Qual seria a contribuição analítica a que essa admiração poderia servir de base num contexto já amplamente "admirado", isto é, favoravelmente predisposto e tão fascinado quanto eu por aquele que pretendia reduzir à condição de objeto de estudo?

Pensei então no busto de Mário de Andrade feito por Bruno Giorgi que enfeita o jardim do Centro de Letras e Artes da Unirio, busto diante do qual passei semanalmente durante dois anos, também na década de 1980, para cursar aulas da faculdade de música (simultâneas ao mestrado, mas que não concluí). Pensei também nas inúmeras vezes em que ouvi e li pessoas citando Mário de Andrade de forma despropositada — associando-o à antropofagia, valendo-se dele para justificar ora nacionalismos estreitos, ora absorções acríticas de modas internacionais, encarando Macunaíma como uma espécie de ideal do brasileiro etc. Pensei nas obras de Mário de Andrade há muito esgotadas, que não se encontram nem em sebos e que têm de ser lidas nas bibliotecas ou emprestadas de amigos. Pensando em tudo isso, e já começando a me meter na pesquisa, fui imperceptivelmente me convencendo de que uma pedrinha a mais talvez não fosse, *hélas!*, tão desvaliosa; talvez com ela se pudesse, mesmo que momentaneamente, chamar a atenção para o monumento e destacá-lo por instantes da paisagem na qual ele se acomoda, se confunde e acaba passando despercebido. Mas agora, *a posteriori*, para me livrar de vez das dúvidas suscitadas pela perguntinha difícil daquele professor, me agarro também, com alguma ingenuidade, a outra esperança: a de que este trabalho venha a ser não só uma pedrinha a mais no monumento, mas ao mesmo tempo uma pedrinha no sapato do monumento. Uma pedrinha que deixe o monumento meio incomodado, com uma vontade danada de deixar de ser monumento, tirar o sapato e a pedrinha, sair pela rua, marchar com as multidões[5].

---

5 O professor em questão era o cientista político Edmundo Campos Coelho (1939-2001). A expressão "marchar com as multidões" está no final da conferência, proferida por Mário de Andrade em 1942, "O movimento modernista" (incluída em *Aspectos da literatura brasileira*).

Introdução

Mário de Andrade foi um dos intelectuais mais marcantes na consciência cultural brasileira do século xx, e sua influência se projeta, renovada, nestas primeiras décadas do século xxi. Dada a diversidade de sua produção e a firmeza com que defendeu seus pontos de vista, foi capaz não apenas de deixar marca profunda na geração que lhe foi contemporânea, como também de tornar-se ponto de referência obrigatório em debates sobre cultura brasileira. Mais do que ponto de referência, sou tentado a dizer que o escritor se tornou uma (quase) unanimidade nacional, embora tal unanimidade seja relativizada por se basear, às vezes, na valorização de alguns aspectos de sua obra em detrimento de outros. De fato, está bastante generalizada a visão de Mário de Andrade como um "conservador", ligado principalmente à valorização do "Brasil autêntico", folclórico, rural e pré-capitalista. Essa é a visão que predomina, por exemplo, entre certos nacionalistas culturais, que adotam o escritor como uma espécie de patrono. Mas o curioso é que ela também vigora entre adversários do "nacionalismo cultural", como o poeta concretista Haroldo de Campos, que põe nas alturas o *Macunaíma* — tido como "oswaldiano", antropofágico — para contrapô-lo a tudo o mais que Mário de Andrade escreveu, incluindo o poeta e o pesquisador (chamado, espantosamente, de "homem de gabinete")[6].

Não pretendo negar que exista no autor de *Danças dramáticas do Brasil* uma valorização ou, melhor dito, um profundo amor pela cultura popular, pelas manifestações folclóricas

---

[6] Campos, *Morfologia do Macunaíma*, p. 8.

etc., bem como grande preocupação com o problema da "entidade nacional" (e não tanto da "identidade nacional", como assinalou com agudeza Leyla Perrone-Moisés[7]). O que quero é esclarecer e situar melhor o lugar ocupado por esse amor e essa preocupação no conjunto da sua obra. Minha tese básica é que o sentido principal dessa obra — entendida aqui em acepção ampla, tanto literária quanto político-cultural — é modernizante e cosmopolita (em termos, aliás, sintonizados com teóricos contemporâneos do cosmopolitismo, como Martha Nussbaum e Kwame Anthony Appiah[8]). Ela

---

7 Perrone-Moisés, "Macunaíma e a 'entidade nacional brasileira'". Na primeira edição deste livro usei diversas vezes a palavra "identidade" para me referir às buscas de Mário de Andrade em torno da cultura brasileira. Na presente edição, seguindo Perrone-Moisés, preferi usar, sempre que possível, "entidade".

8 "Nenhum dos principais pensadores da tradição do cosmopolitismo negou que podemos e devemos dar atenção especial a nossas próprias famílias, a nossos próprios pertencimentos religiosos e nacionais [...]. Mas a razão primordial de um cosmopolita para dar atenção preferencial a seus compatriotas e sua família não é de que o particularismo seja melhor *per se*, mas, antes, de que é a única maneira sensível de fazer o bem." (Nussbaum, "Reply", pp. 135-136; a tradução é minha, assim como nos dois outros trechos a seguir, cujo original é em inglês). O comentário de Angela Taraborrelli a essa citação de Martha Nussbaum é pertinente: "Em princípio, nosso dever de fazer o bem é aplicável a todos; a preferência por fazer o bem àqueles que nos são mais próximos só é justificável por razões práticas" (Taraborrelli, *Contemporary Cosmopolitanism*, p. 30). E Kwame Anthony Appiah, filósofo afro-americano nascido em Gana de família ashante, em seu livro sobre cosmopolitismo: "Por sorte, não precisamos tomar partido a favor dos nacionalistas que recusam tudo que é estrangeiro, nem dos cosmopolitas que encaram seus compatriotas com gelada indiferença. A posição que defendo pode ser chamada de cosmopolitismo parcial." (Appiah, *Cosmopolitanism: Ethics in a World of Strangers*, pp. XVI-XVII). Estou em sintonia com Nussbaum, Taraborrelli e Appiah, mas prefiro falar em "cosmopolitismo situado". Compare-se essas tomadas de posição recentes com o que escreveu Mário de Andrade em carta de 1935 ao filólogo Sousa da Silveira: "[...] sou obrigado a lhe confessar, por mais que isto lhe penalize, que eu não tenho nenhuma noção do que seja pátria política, uma porção de terra fechada pertencente a um povo ou uma raça. Tenho horror das fronteiras de qualquer espécie, e não encontro em mim nenhum pudor patriótico que me faça amar mais, ou preferir, um Brasileiro a um Hotentote ou Francês. Minha doutrina é simplória. Se trabalho

está permeada pelo esforço de integração dialógica do Brasil ao mundo contemporâneo, com seus variados, esperados e imprevisíveis ônus e bônus. Tanto o folclorismo quanto o nacionalismo de Mário de Andrade devem ser vistos sob o prisma desse sentido fundamental e ser compreendidos sob esse enquadramento.

Essa tese já não era nova nos anos 1980, tendo sido defendida, por exemplo, pela saudosa Gilda de Mello e Souza e por Eduardo Jardim, que figuram entre os mais destacados intérpretes do escritor. Apresento alguns argumentos a favor dela, que podem ter sido novos em 1988 e que, espero, continuem a ser úteis 36 anos depois. Esses argumentos se referem, no primeiro capítulo, à obra literária de Mário de Andrade, e, no terceiro capítulo, à sua atividade político-cultural (abordada esta no seu momento mais intenso e significativo, que foi o período do escritor à frente do Departamento de Cultura do Município de São Paulo, 1935-8). O segundo capítulo procura evidenciar e discutir conexões e coerências que julgo existirem entre os dois aspectos mencionados.

A abordagem de aspectos da obra literária de Mário de Andrade apresentada no primeiro capítulo do livro baseou-se em preciosa indicação de Gilda de Mello e Souza (que tive o privilégio de receber em comunicação pessoal, por volta de 1985 ou 1986, quando ela aceitou conversar com o mestrando que preparava uma dissertação sobre

---

pelo Brasil, é porque o homem tem de ser útil e a pena tem de servir. E eu seria simplesmente inútil e sem serviço, se com minhas forças poucas, sem nenhuma projeção internacional, eu trabalhasse pela Conchinchina, ou agora pela Etiópia. Essa é a razão do meu nacionalismo. Na verdade sou um homem-do-mundo, só que resolvido a aproveitar as próprias possibilidades" (citado em Perrone-Moisés, "Macunaíma e a 'entidade nacional brasileira'", p. 203).

o tema que ela conhecia tão bem). Para compreender a obra de Mário de Andrade, disse-me ela, é preciso levar em conta todas as formas de sua múltipla manifestação — poesia, ensaio, ficção, crônica, epistolário. Tal pluralidade de produção é tão marcante que originou um lugar-comum crítico: classificar o escritor como "polígrafo", qualificativo que costuma acompanhá-lo como se tivesse sido criado para ele. Mas a indicação de Souza ajudou a tornar mais nítida a unidade subjacente àquela pluralidade que poderia parecer dispersiva. Cada uma das formas referidas iluminava cada uma das outras sob novos ângulos, e a visão geral se enriquecia enquanto os "cruzamentos" iam se somando. O fato é que a ideia de "multiplicidade" se encontra aqui em íntimo estado de fusão com a de "totalidade". O célebre verso "Eu sou trezentos, sou trezentos e cinquenta" não exclui nem contradiz seu complemento menos citado — "mas um dia afinal eu toparei comigo". Ao contrário, é uma condição deste. A tentativa de encontrar um "verdadeiro" Mário de Andrade no autor de *Macunaíma*, renegando o folclorista das *Danças dramáticas do Brasil* e o professor de conservatório que escreveu a *Pequena história da música*; a tentativa de ficar com o pesquisador "nacionalista", jogando fora o quase-comunista de *O banquete* ou de "Chostacovich"; tais tentativas, embora obviamente legítimas como expressão de gostos particulares, no papel de juízo crítico carecem de fundamento e condenam seus formuladores a unilateralismos fatais para a compreensão da obra em pauta.

Procurei levar em conta que, mesmo em seus textos mais reflexivos, Mário de Andrade não é homem de sistema, filósofo ou cientista. Quando se dedicou à etnografia, ao folclore, à estética, foi sempre — frisou-o várias vezes — como amador.[9] Resulta daí a constituição de um pensamento, como diz Gilda de Mello e Souza, "caprichoso, em lascas"[10]. Um pensamento que tende a diluir a rigidez das fronteiras entre poesia e ensaio. Uma das diferenças básicas entre as duas manifestações literárias está em que, enquanto a primeira prefere *imagens* a *abstrações*, a segunda tem preferência inversa. No caso de Mário de Andrade, porém, a interpenetração dos aspectos ensaístico e poético da obra é de tal ordem que suas principais ideias se expressam tanto como conceito quanto como imagem. Procurei, do ponto de vista metodológico, fazer jus a essa peculiaridade. Tive assim que, em alguns passos, analisar o ensaio como se fosse poesia, dando especial atenção às imagens propostas, lendo-as em sua literalidade, acreditando na importância de cada uma das palavras escolhidas, tomando-as ao pé da letra. Esta me pareceu ser via de acesso a ideias que, do ponto de vista conceitual, não estão claramente formuladas, apresentando-se por assim dizer em estado bruto. Da mesma forma, e sempre que possível, chamei em meu auxílio ideias expressas na obra poética para elucidar aspectos do pensamento lógico do autor. Imagem, ensaio, poesia e conceito formam aqui um todo que só se deixa desvendar quando tomado em conjunto.

O referido procedimento metodológico tem uma dívida para com as pesquisas de Gisálio Cerqueira Filho no âmbito

---

[9] Por exemplo, no "Prefácio" à sua obra inacabada *Na pancada do ganzá*: "Este livro não é um livro de ciência, evidentemente, é um livro de amor". Percebe--se que esse amadorismo não é pejorativo, é qualificativo.

[10] Souza usou a expressão no texto de apresentação publicado na orelha de *O banquete* (1977). Ela atribui a expressão "em lascas" ao próprio Mário de Andrade, que a teria usado em conversa, num momento de bom humor. Gilda de Mello e Souza, como se sabe, era sobrinha do escritor e com ele conviveu em sua juventude.

da teoria das ideologias. O autor parte da "tese, já de Freud e retomada por Lacan, [de] que o mecanismo das manifestações do inconsciente se assemelha [ao] da linguagem segundo duas figuras fundamentais: a metáfora ou condensação e a metonímia ou deslocamento"[11]. A palavra *tropo*, usada para designar as figuras de linguagem de modo geral, originalmente significa desvio (de caminho, direção). Os *tropos* são desvios em relação ao curso racional e meramente denotativo da linguagem. Cerqueira Filho propõe ler tais desvios à maneira psicanalítica, como interferência subterrânea de imagens inconscientes, que, reprimidas, lutam por vir à tona. As figuras de linguagem seriam, então, lugares onde se podem surpreender manifestações do inconsciente, pontos de ruptura na crosta de um pensamento que se pretende coerente e articulado.

Há, porém, uma diferença que cumpre registrar em relação à abordagem aqui proposta: o "discurso político" sobre o qual incide a análise de Cerqueira Filho lança mão das figuras de linguagem só eventualmente. Digamos assim: ele não resiste à tentação representada pelas imagens, escorrega nelas e nisso se trai, entregando involuntariamente o ouro. Já o texto de Mário Andrade, do qual se ocupa este estudo, mergulha sem hesitação nas figuras de linguagem, faz destas sua seiva vital. Ele sabe que o ouro está lá — mesmo quando, como também não deixa de acontecer, no-lo entrega involuntariamente.

No segundo capítulo, procuro fazer uma ligação entre os aspectos da obra literária de Mário de Andrade e sua

---

11 Cerqueira Filho, *A "questão social" no Brasil: crítica do discurso político*, p. 37. Ver, na mesma obra, os capítulos "Por uma teoria das ideologias" e "O retorno do reprimido ou a interpretação dos discursos".

atuação como diretor do Departamento de Cultura do Município de São Paulo, entre 1935 e 1938. A esta altura da investigação tal ligação ainda será procurada na própria obra; veremos que, segundo o autor, e segundo seus comentadores, existe nessa obra uma vocação para participar nos embates da vida cotidiana, um impulso mundano que lembra irresistivelmente a caracterização feita por Gramsci do "modo de ser do novo intelectual" — que deve consistir "num imiscuir-se ativamente na vida prática, como construtor, organizador, 'persuasor permanente'"[12]. A mencionada vocação, porém, não é só um aspecto a mais, convivendo harmoniosamente com as outras 349 facetas do escritor. Ela tende a se espraiar, a deixar sua marca em todos os aspectos da obra. Mais que isso, ela é vivida e manifestada por Mário de Andrade de modo extremamente conflituado, como se se tratasse de um elemento que questiona incessantemente, e desde dentro, a validade ética da sua produção literária. É a exacerbação desse questionamento, sua elevação ao absurdo, que termina por suprimir o escritor — no que é por ele caracterizado como um "suicídio" ou "sacrifício" — para fazer surgir em seu lugar o funcionário do Departamento de Cultura. Assim, procurei mostrar a experiência de Mário de Andrade na instituição, como que brotando naturalmente de exigências inscritas em sua própria obra. Mostrar aquela como um outro momento desta, momento que já estava anunciado, a um olhar atento, nos momentos anteriores.

O último capítulo se detém na conjuntura política em que se deu a experiência do Departamento de Cultura e na análise da atividade deste. A situação de São Paulo na

---

12 Gramsci, *Os intelectuais e a organização da cultura*, p. 8.

conjuntura 1933-7 apresenta peculiaridades que tentarei resumir. O grupo que detém o poder estadual nesse período é uma facção da classe dominante que vacila constantemente entre opor-se ao autoritarismo getulista e transigir com ele; que apoiou a Revolução de 1930 e se alia a representantes da República Velha contra o Governo Provisório em 1932; que se reúne num partido dito Constitucionalista mas apoia toda a escalada da legislação excepcional que antecedeu o golpe de 1937. As vacilações da burguesia liberal paulista no período foram brilhantemente expostas por Luiz Werneck Vianna em seu livro *Liberalismo e sindicato no Brasil* (1976), em que me baseei com frequência. Meu interesse, porém, se restringiu a situar as relações dessa corrente política com a questão da cultura; ou, antes, verificar como esse grupo traz à tona, pela primeira vez no Brasil, a cultura como uma área da atividade política, uma "questão" ao lado de outras — por exemplo, as da habitação, da saúde, a "questão social" etc. — e, mais do que "ao lado", permeando essas outras, fornecendo subsídios para um novo *approach* administrativo que se desenvolve em relação a elas.

Parece-me que o interesse de algumas lideranças do Partido Constitucionalista por essa nova área esteve ligado à intuição de que seu projeto político precisava, como escreveu Lévi-Strauss, constituir "uma opinião pública de inspiração civil e laica, para contrapor-se à influência tradicional do Exército e da Igreja, assim como ao poder individual"[13]. Por isso, vejo o trabalho do Departamento de Cultura como a encarnação, alheia às vacilações políticas do Partido Constitucionalista, do que seria, para usar um ter-

---

13 Lévi-Strauss, *Tristes tropiques*, p. 113 (tradução minha).

mo caro ao filósofo Lucien Goldmann, o "máximo de consciência possível" no plano da ação cultural-social, naquele momento de São Paulo, e talvez do Brasil[14]. Era lá, como também nas outras iniciativas culturais que lhe foram contemporâneas (a USP, a Escola Livre de Sociologia e Política), que se trabalhava no sentido de criar a "opinião pública" mencionada, contribuindo a longo prazo para um projeto modernizante. (Que o poder da opinião pública civil e laica diante da influência do Exército, de igrejas e de indivíduos messiânicos tenha estado, quase cem anos depois, ainda em questão, é algo que dá testemunho eloquente sobre a relevância do que então se tentou realizar.)

O que procurarei mostrar é, portanto, o papel do Departamento de Cultura como organizador do consenso, como instrumento de socialização das camadas populares em torno de um projeto político — em uma palavra, como elemento de hegemonia, no sentido gramsciano. Deve-se notar que em 1937 já estava nos planos a instalação do Instituto Paulista de Cultura, que, por sua vez — com a esperada chegada do governador Armando de Sales Oliveira à presidência da República —, se desdobraria num grande Instituto Brasileiro de Cultura, estendendo para todo o território nacional a atividade originária do órgão municipal.

Minha análise se baseou principalmente em duas fontes. Em primeiro lugar, em livro que faz do assunto um de seus temas principais: *Mário de Andrade por ele mesmo*, de Paulo Duarte (1977), aqui citado abundantemente. Trata-se de obra pouco sistemática e bastante apologética: limitada pelo compreensível passionalismo de quem participou diretamente dos eventos. Não supre a necessidade de um estu-

---

14 Goldmann, *Ciências humanas e filosofia.*

do crítico mais distanciado, inclusive porque não se propõe a isso. Não obstante, é um relato absolutamente indispensável, além de muito bonito. Ao lado dele, foi utilíssima a coleção da *Revista do Arquivo Municipal*, fonte acessível e riquíssima de informações sobre o tema. Considerada por Paulo Duarte "a maior criação talvez do Departamento"[15], a revista, no período em que foi dirigida por Mário de Andrade (volumes XII-XLVI), funcionava como divulgadora detalhada das atividades ali desenvolvidas.

Desde a primeira edição de *Mário contra Macunaíma*, o panorama bibliográfico sobre os temas aqui abordados se enriqueceu muito. Devo esclarecer, no entanto, que não revisei substancialmente o livro para incorporar os inúmeros novos conhecimentos e debates gerados por essa abundante bibliografia: não há dúvida de que isso equivaleria a escrever um novo livro. Limitei-me a usar aportes pontuais, entre contribuições que me pareceram mais pertinentes para o propósito do livro. Nesse aspecto, a publicação que mais se destaca é *Mário de Andrade: me esqueci completamente de mim, sou um Departamento de Cultura*, organizada por Carlos Augusto Calil e Flávio Rodrigo Penteado (2015). A obra contém reproduções fac-similares de despachos e outros documentos administrativos escritos por Mário de Andrade como diretor do departamento, além de outros documentos associados à sua gestão. Em minhas pesquisas dos anos 1980, por falta de tempo ou de competência, não encontrei esses documentos (e cheguei a acreditar que

---

[15] Duarte, *Mário de Andrade por ele mesmo*, p. 96.

não existissem mais, registrando minha "perplexidade" de pesquisador noviço na versão original desta "Introdução").

A bibliografia posterior a 1988 relacionada a Mário de Andrade e ao Departamento de Cultura inclui trabalhos acadêmicos sobre os parques infantis, o Congresso da Língua Nacional Cantada, a Sociedade de Etnografia e Folclore, a Missão de Pesquisas Folclóricas, entre outros aspectos das múltiplas atividades do departamento. Menciono aqui, como sugestão para aprofundamentos, e com risco de injustiças, apenas o que me parece serem os itens principais, por temas e em ordem cronológica de publicação. Para trabalhos de ordem geral sobre o departamento, cabe mencionar Elizabeth Abdanur, *Os "ilustrados" e a política cultural em São Paulo: o Departamento de Cultura na gestão Mário de Andrade (1935-1938)* (1993); Patricia Raffaini, *Esculpindo a cultura na forma Brasil: o Departamento de Cultura de São Paulo (1935-1938)* (2001); e Roberto Barbato Jr., *Missionários de uma utopia nacional-popular: os intelectuais e o Departamento de Cultura de São Paulo* (2004). Sobre as pesquisas sociais estimuladas pelo departamento, vejam-se os trabalhos de Vera Lúcia Cardim de Cerqueira, *Contribuições de Samuel Lowrie e Dina Lévi-Strauss ao Departamento de Cultura de São Paulo (1935-1938)* (2010), e Luísa Valentini, *Um laboratório de antropologia: o encontro entre Mário de Andrade, Dina Dreyfus e Claude Lévi-Strauss (1935-1938)* (2013); sobre a atuação de Oneyda Alvarenga na Discoteca Pública Municipal que hoje leva seu nome, veja-se Valquíria Maroti Carozze, *Oneyda Alvarenga: da poesia ao mosaico das audições* (2014); sobre Mário de Andrade e as políticas de patrimônio cultural, veja-se Antonio Gilberto R. Nogueira, *Por um inventário dos sentidos: Mário de Andrade e a concepção de patrimônio e inventário* (2005). Sobre a Missão de Pesquisas Folclóricas, vejam-se as teses de mestrado e doutorado de Álvaro Carlini, respectivamente, *Cante lá que gravam cá: Mário de Andrade e a Missão de Pesquisas Folclóricas de 1938* (1994) e *A viagem na viagem: maestro Martin Braunwieser na Missão de Pesquisas Folclóricas do Departamento de Cultura de São Paulo (1938)* (2000).

Devo mencionar também as obras de referência publicadas pela Secretaria de Cultura de São Paulo (órgão público sucessor do departamento): *Catálogo Histórico-Fonográfico da Discoteca Oneyda Alvarenga*, organizado por Álvaro Carlini e Egle Leite (1993); *Acervo de Pesquisas Folclóricas de Mário de Andrade 1935-1938*, organizado por José Eduardo Azevedo (2000); e o *Catálogo da Sociedade de Etnografia e Folclore*, organizado por Maria Regina Davidoff (2004).

Não é segredo para ninguém que as bibliografias sobre Mário de Andrade e sobre *Macunaíma*, que já eram grandes nos anos 1980, continuaram crescendo exponencialmente. Quanto a isso, tenho ainda menos pretensão de ser abrangente nesta nova edição. Menciono apenas, e com ainda maior risco de injustiças, alguns trabalhos que se ligam diretamente à dimensão político-cultural do grande escritor e musicólogo.

Se até o início do século XXI não tínhamos nenhuma biografia de Mário de Andrade, entre 2015 e 2019 passamos a ter duas. *Eu sou trezentos: Mário de Andrade, vida e obra* (2015) é uma biografia mais sintética e de caráter reflexivo, escrita pelo filósofo Eduardo Jardim, que nos anos 1980 já era um dos mais instigantes intérpretes do modernismo e nos deu outras importantes publicações focadas no escritor (Jardim, 1999 e 2005). *Em busca da alma brasileira: biografia de Mário de Andrade* (2019), do jornalista e escritor Jason Tércio, é um livro mais extenso e detalhista, ao qual devemos inúmeros esclarecimentos sobre aspectos factuais e controversos da vida do escritor. Os dois livros são de consulta indispensável para quem se interessa pela atuação político-cultural de Mário de Andrade.

Em *Os mandarins milagrosos: arte e etnografia em Mário de Andrade e Béla Bartók* (1997), Elizabeth Travassos discute as conexões entre música, etnografia e política cultural (compreendida esta expressão em sentido amplo), através de olhares paralelos (e de uma escuta paralela) dirigidos ao escritor brasileiro e ao grande compositor húngaro, e também pesquisador, Béla Bartók. Originalmente uma tese de doutorado em antropologia, não figuram ali o Departamento de Cultura e outras atividades mais diretamente políticas de Mário de Andrade. Mas as reflexões que traz sobre "cultura" e "política" em seus sentidos mais amplos faz do livro leitura fundamental para a compreensão de aspectos das atividades e obras do autor, iluminados também de forma sugestiva pela comparação com seu quase contemporâneo Bartók.

O livro *Um poeta na política: Mário de Andrade, paixão e compromisso*, de Helena Bomeny (2012), poderia ter o mesmo subtítulo que este meu, já que também trata de *cultura e política em Mário de Andrade*. No entanto, o foco principal de Bomeny é a atuação de Mário de Andrade no âmbito federal, junto a Rodrigo Mello Franco na criação da instituição do patrimônio cultural brasileiro, e junto ao ministro Gustavo Capanema nesse e em outros aspectos da política cultural nacional. Traz como bônus a publicação da correspondência entre o escritor e Capanema. E traz também uma ótima síntese sobre o período do Departamento de Cultura em dois curtos capítulos (pp. 75-95).

O modernismo como movimento cultural: Mário de Andrade, um aprendizado, de André Botelho e Maurício Hoelz (2022), propõe uma instigante interpretação sociológica do modernismo, com ênfase na atuação e obra de Mário de Andrade e destaque para suas dimensões musicais. Sua leitura foi fonte de inspiração para muitas das revisões pontuais feitas no livro para esta nova edição.

Flávia Toni, José Miguel Wisnik e Maria Laura Cavalcanti têm sido referências constantes em debates sobre Mário de Andrade, cultura brasileira e música, e isso desde os anos 1980. Seus diversos artigos e livros sobre o modernista sempre inspiram, de seus respectivos ângulos, caminhos instigantes para avançar nesses temas[16].

Finalmente, é preciso lembrar que muitas das obras de Mário de Andrade aqui citadas tiveram depois de 1988 novas edições, geralmente munidas de novo e melhor aparato crítico. Optei por manter, no entanto, as referências originais[17]. Outras obras de Mário de Andrade, até então inéditas, incluindo coletâneas de sua vasta correspondência, também vieram à luz desde 1988, graças ao trabalho da equipe que se ocupa de seu acervo no Instituto de Estudos Brasileiros da USP; em alguns casos, esses novos livros incluem aspectos pertinentes aos assuntos aqui tratados.

16　Veja-se, por exemplo, Toni, "Me fiz brasileiro para o Brasil" e "Missão: as pesquisas folclóricas"; Cavalcanti, "Cultura popular e sensibilidade romântica: as danças dramáticas de Mário de Andrade" e "Mário de Andrade, folclorista"; e Wisnik, "Cultura pela culatra" e "Rasga o coração".

17　O mesmo vale, diga-se de passagem, para as obras citadas de Antonio Gramsci, um dos pensadores a que recorri no acompanhamento teórico do livro. Há novas e melhores edições disponíveis em português, mas aqui mantive as referências originais, de edições dos anos 1960 e 1970.

Na página ao lado: Inauguração da exposição de iconografia musical pelo dr. Fábio da Silva Prado, prefeito de São Paulo [1937]. Arquivo do Instituto de Estudos Brasileiros USP – Fundo Mário de Andrade.

Capítulo 1

Mário contra Macunaíma

Na página anterior: Missão de Pesquisas Folclóricas de Mário de Andrade.
Acervo Histórico da Discoteca Oneyda Alvarenga / Centro Cultural da Cidade
de São Paulo / SMC / PMSP.

O Brasil não é nenhuma esquimolândia, nem a nossa música é o gamelã javanês! Nossa tradição musical é europeia, nossa vida de arte erudita é a da civilização contemporânea, que já nem se pode dizer europeia, nem mesmo cristã, pois avassala universalmente o mundo.

Mário de Andrade, O banquete

Na sua acepção mais comum a palavra *caráter* está associada a um *valor* ético. Quando se diz que "fulano tem caráter", se está assegurando que é honesto, tem palavra etc. Ter caráter, nesse caso, é o mesmo que ter *bom* caráter: o sinal positivo já vem associado à palavra, dispensando explicitação. Mas o sentido original é eticamente neutro. Como nos informa o dicionário *Aurélio*, pode significar "o conjunto das qualidades (boas ou más) de um indivíduo ou de um povo"[1]. A passagem de um sentido a outro provavelmente deveu-se a que a coerência (ou seja, a permanência de um dado "conjunto de qualidades") pode ser valorizada em si, independentemente da natureza dessas "qualidades".

No subtítulo do livro publicado por Mário de Andrade em 1928, *Macunaíma, o herói sem nenhum caráter*, a palavra *caráter* é às vezes interpretada no sentido valorativo. Mário de Andrade, no entanto, não atribuiu ao personagem-título de sua criação o epíteto de "herói mau-caráter", nem mesmo de "herói sem caráter": na dupla negação de "*sem nenhum* caráter" parece residir necessidade de enfatizar a ausência total de qualquer espécie de caráter, seja bom ou mau. Sublinha-se assim a ausência de características fixas, de feitio moral, de permanência. Macunaíma seria antes

---

1 Buarque de Holanda, *Novo Dicionário da Língua Portuguesa*.

um herói sem *cara*, caleidoscópio, eternamente diferente do que acabara de ser.

Essa interpretação tem a vantagem de situar o livro numa reflexão sobre o Brasil que atravessa toda a obra de Mário de Andrade. Reflexão que aponta a falta de caráter, no sentido especificado, como falta por excelência, matriz e fundamento das incontáveis outras faltas que nos agravariam. Ela seria, mais que falta, espécie de pênalti ameaçando permanentemente a incompleta rede da entidade nacional. Sigamos alguns rastros dessa reflexão.

Começo por um trecho do livro de viagens de Mário de Andrade, *O turista aprendiz*. A cena se passa, bem a propósito, num barco em pleno rio Amazonas, por onde o autor navegou em 1927 até a cidade de Iquitos, no Peru. Fez a viagem em companhia da importante mecenas do modernismo, e posteriormente, militante do direito ao voto para mulheres, dona Olívia Guedes Penteado. Duas jovens viajavam com eles: uma sobrinha de dona Olívia e a filha da pintora modernista Tarsila do Amaral. No barco, ficaram conhecendo viajantes europeus a quem o escritor dá nomes que não sabemos serem verdadeiros ou inventados. A nota que se segue foi redigida por volta de 1942, com base nos registros feitos na viagem.

> Fazer uma digressão sobre a segurança "moral" e consequentemente fisiológica com que agem Musset, Klein e já o suíço Schaeffer na ida a Iquitos. Se sente que eles têm uma tradição multimilenar por detrás que os leva a agir "sem dor" diante da irresolução moral das meninas e da minha. [...] Nós é esta irresolução, esta incapacidade que uma "capacidade" adotada, uma religião que seja, não evita. Daí uma dor permanente, a infelicidade do acaso pela frente. Dizer então que me lembrei de uma amiga judia francesa comunista que me *crible de lettres*

[enche de cartas] sobre a infelicidade social dela, dos operários etc. [...] sim eles têm a dor teórica, social, mas ninguém não imagina o que é esta dor miúda, de incapacidade realizadora do ser moral.[2]

O texto estabelece um contraste entre "nós" e "eles". Por um lado, o autor e "as meninas", por outro, os três europeus. Em seguida, o argumento sobre o "lado" europeu é acrescentado da "amiga judia francesa comunista". (Pesquisas recentes mostraram que essa amiga era Dina Lévi-Strauss, que colaborou com Mário de Andrade no Departamento de Cultura, quando era casada com Claude Lévi-Strauss e este tinha vindo trabalhar como professor de sociologia na recém-criada Universidade de São Paulo. Mais sobre ela no capítulo 3.)

O contraste proposto logo emigra para um plano mais abstrato, passando a referir-se a "nós", brasileiros em geral, e "eles", europeus em geral. A "eles" se atribui: *segurança, agir "sem dor"*. A "nós", *irresolução* (duas vezes), *incapacidade* (duas vezes), *infelicidade, acaso, dor permanente*. Nessa última enumeração, ressalta a predominância de termos iniciados com o prefixo *i(n)*, que denota negação, ausência. O trecho, portanto, opõe "Europa" e "Brasil" a partir da falta, da privação imputada a este.

Tal privação refere-se com insistência à moral: o texto fala da *segurança moral* dos europeus e da *irresolução moral e incapacidade realizadora do ser moral* dos brasileiros. A ênfase sobre a moral torna o trecho exemplar, pois é momento de explicitação de algo que se projeta nas entrelinhas de toda a obra de Mário de Andrade. Logo na primeira frase está contida uma proposição — "a segurança 'moral' e consequentemente fisiológica" — que exprime bem essa importância da

---

[2] *O turista aprendiz*, pp. 165-6.

moral, da qual o fisiológico seria mero consequente. As aspas parecem substituir um "por assim dizer", como se a palavra *moral* estivesse ali num sentido não usual e o autor tivesse medo de ser mal compreendido. Da mesma forma, algumas linhas depois, ele põe aspas na palavra *capacidade* para em seguida propor "religião" como exemplo de "capacidade": as aspas indicam que a palavra está sendo usada num sentido especial, que permite incluir a religião no conceito de capacidade. E, note-se, a capacidade a que ele se refere é a "capacidade realizadora do ser moral"[3], o que torna a associar as aspas, o "por assim dizer", ao sentido do termo *moral* adotado pelo autor.

Esse sentido é esclarecido em outro trecho, extraído de um discurso proferido por Mário de Andrade e publicado na *Revista do Arquivo Municipal*. Nas Américas, afirma:

> Os seres são profundamente imorais, no sentido em que a moral é uma exigência derivada aos poucos do ser, tanto indivíduo como social. Não nos custa a nós, americanos, aceitar religiões, filosofias e mesmo importar civilizações aparentemente completas. O nosso dicionário vai direitinhamente de A a Z. Tem F, tem L e tem R: Fé, Lei, Rei. O que não nos é possível importar é a precedência orgânica dessa Fé, dessa Lei e desse Rei, nascidos de outras experiências.[4]

Aqui fica clara a amplitude com que o autor se refere à moral. Em primeiro lugar, a moral é uma exigência: exigência que se faz ao indivíduo e ao ser social. Em segundo lugar, é

---

3 No texto, sob forma negativa: "incapacidade realizadora etc.".

4 "Homenagem à professora Adelfa Silva Rodrigues de Figueiredo — discurso de encerramento do Curso de Biblioteconomia do Departamento de Cultura", *Revista do Arquivo Municipal*, v. XXXIV, abr. 1937.

uma exigência que, para ter vigência, ou profundidade, precisa derivar aos poucos tanto de um como de outro. Essa condição da moral é que faria falta a nós, americanos. Mas qual é, afinal, o conteúdo dessa exigência? Mário de Andrade descreve-o através de duas enumerações: religiões, filosofias, civilizações; Fé, Lei, Rei. Esse amplo conceito de moral pode ser aproximado do conceito de cultura exposto pelo político e pensador italiano Antonio Gramsci, no seguinte trecho: "Cultura [...] significa indubitavelmente uma coerente, unitária e nacionalmente difundida 'concepção da vida e do homem', uma 'religião laica', uma filosofia que tenha se transformado precisamente em 'cultura', isto é, que tenha gerado uma ética, um modo de viver, uma conduta civil e individual"[5].

Percebem-se aqui as mesmas referências a fé, filosofia, lei e a um alcance tanto social como individual. E pode-se buscar outra analogia entre o pensador italiano e o autor de *Macunaíma*, partindo da afirmação deste, segundo a qual a moral deriva do ser e depende da existência de precedentes. Não meros precedentes por contiguidade, por sucessão acidental no tempo; mas precedentes orgânicos, necessários. Tal caráter *orgânico* ainda é acentuado quando se diz que essa precedência é predicado de Fé, Lei e Rei "*nascidos* de outras experiências". Ou seja, a moral é *filha* da experiência, e assim é por ela precedida de modo — literalmente — orgânico.

A palavra *experiência*, com sua conotação fortemente prática, empírica, sugere uma leitura "materialista" da afirmação de Mário de Andrade. Tal leitura a aproximaria da concepção marxista (que é a de Gramsci), segundo a qual a cultura é superestrutura, é uma realidade segunda. A expressão

---

5 Gramsci, *Literatura e vida nacional*, p. 4.

"precedência orgânica" parece-me, aliás, descrever bem a relação entre infraestrutura econômica e superestrutura cultural concebida por aquela visão. Não é à toa que Gramsci cunhou o termo *intelectual orgânico* para se referir aos intelectuais que mantêm vínculos práticos com a classe operária.

No entanto, a palavra *experiência* liga-se também — em outra vertente semântica — à ideia de tradição, de sabedoria fruto do tempo. Essa acepção conecta-se mais facilmente a outras passagens da obra de Mário de Andrade. Àquela, por exemplo, onde se afirma que aos brasileiros "falta passado, falta norma e tradição de grandeza por detrás, funcionando como fatalidade [...] os da Europa tinham já por trás uma cerca farpada de mortos fazendo bem pra eles, dizendo pra eles: — o caminho é por aqui, gente"[6]. Esta imagem — "uma cerca farpada de mortos" — em sua crueza nos diz: na Europa a *experiência* das gerações anteriores construiu limites, constrangimentos, restrições — palavras que, mesmo com toda sua carga negativa, representam a positividade de um *caminho*. Tal imagem encarna-se, no primeiro texto citado, na figura da amiga que é "judia francesa comunista" (sem vírgulas): triplo e compacto caráter que, em cada uma de suas qualidades, acarreta inúmeras determinações. Ser judia põe a amiga em contato com uma série de tradições, de prescrições éticas, do mesmo modo que ser francesa e ser comunista. Implica a pertinência a uma comunidade étnica, nacional, ideológica que, de alguma forma, programa a vida do indivíduo à sua revelia, a partir do passado, e elimina a "dor miúda" do "acaso pela frente". Tudo isso seria a precedência orgânica da segurança moral: do caráter.

---

[6] *Táxi e crônicas no Diário Nacional*, p. 128.

No Brasil, em vez de *caminho*, teríamos um *campo aberto*, espaço de enganosa liberdade, como diz Mário de Andrade tratando do problema da língua nacional: "Linguagem de campo aberto, de uma liberdade espantosa de normas e regras; liberdade que é pobreza e depaupera a claridade e nitidez do pensamento em mil e uma névoas de cacoetes e peculiaridades individualistas... linguagem em que é impossível errar porque não há quase erro que não se justifique... com os clássicos"[7].

Os clássicos, ou seja, nossos mortos, o arame farpado de nossa possível cerca. E nosso autor ainda fica mais melancólico "imaginando que eles não conseguiram também erguer a cerca para nós"[8].

Em ambos os trechos — falando da "linguagem de campo aberto", ou da "cerca" que indica o caminho — estão embutidas referências ao papel dos intelectuais. No primeiro caso, a referência é genérica: "os clássicos" da nossa literatura. No segundo caso, ela é mais específica, pois a metáfora da cerca farpada de mortos surge num artigo sobre José de Alencar e Cláudio Manuel da Costa, cuja produção literária teria se ressentido da "falta de cerca". Os intelectuais, portanto, se relacionam com o problema *campo x caminho* sob dois aspectos: como vítimas da falta de cerca e como corresponsáveis por ela. Tal relação aparece também em crônica de Mário de Andrade a propósito de uma reforma ortográfica proposta pela Academia Brasileira de Letras, reforma que, por sua tendência simplificadora, era acusada por alguns de fazer "concessões à ignorância". Ao que retruca o escritor:

---

[7] *O empalhador de passarinho*, p. 39.

[8] *Táxi e crônicas no Diário Nacional*, p. 128.

E também se engana quem imaginar que o vulgo escrevedor é quem vai beneficiar da Reforma. Quem vai beneficiar é a classe propriamente intelectual. Não é a pessoa medianamente instruída e que escreve cartas pros parentes ou cartões de boas-festas, que fica às vezes de sopetão sem saber se "imaginar" tem dois emes ou um só. Dei de-propósito este exemplo bem besta. Porque garanto que raríssimos são os intelectuais que não tenham já hesitado num caso facílimo desses. O coitado hesita, é obrigado a um raciocínio etimológico, se socorrer do parco latinório escolar; dúvida que embora viva cinco segundos é suficiente pra desviar o escritor da corrente de ideias em que estava, enfraquece o impulso e desossa a inspiração. Isso constitui um suplício arranhante que dura toda a nossa vida.[9]

A falta de cerca aparece aqui como insegurança ortográfica — uma faceta de insegurança moral que vínhamos discutindo há pouco. O "suplício arranhante" equivale à "dor miúda do acaso pela frente". A "corrente de ideias" é o caminho em que o escritor está, e do qual não quer se perder em desvios e dúvidas. Precisa, para tanto, da cerca constituída por uma ortografia simples. Não saber como se escreve "imaginar" soa como uma metonímia da impossibilidade de realmente *imaginar* — de dar asas à imaginação —, quando se está preso a chãs questiúnculas ortográficas. A Academia aparece como instituição intelectual que pode promover a construção da cerca.

Voltemos, por um instante, a Gramsci e vejamos o que ele diz logo depois da definição de "cultura" que citamos há pouco: "Para isso [para que a filosofia se tenha transformado em cultura etc.] era necessário, antes de mais nada,

---

9 *Ibidem*, p. 187.

a unificação da classe culta"[10]. Essa necessidade de unificação também está presente em Mário de Andrade e aparece em críticas às "peculiaridades individualistas" pelas quais a intelectualidade brasileira se deixaria dominar. Mais do que isso, porém, está presente a própria valorização da "classe culta" como setor que pode, em certas condições, "transformar filosofia em cultura"; ou, nos termos do escritor paulistano, fazer de Fé, Lei e Rei algo além de meros verbetes de dicionário.

> Reconhecem os portugueses não serem eles propensos à filosofia, e temos de reconhecer o mesmo do Brasil. Mas a dúvida me atormenta... A língua nossa é que ainda não me parece suficientemente cultivada pra servir de expressão às ideias abstratas. Toda a nossa história política prova exuberantemente que não há país no mundo mais cheio de homens abstratos que esta grande pátria brasileira. E a dúvida me atormenta. Será realmente por culpa da raça que nos faltam filósofos... não será por culpa da língua? Mas será por culpa da língua que nos faltam filósofos, ou por culpa dos filósofos que nos falta língua?[11]

A falta de língua — falta de cerca, de caminho; falta de moral que seja mais que verbete de dicionário; falta de caráter — refletiria uma falta de filósofos: de intelectuais. O trecho mostra, ao mesmo tempo, uma valorização da possibilidade de interferência dos intelectuais na constituição do caráter nacional e uma amargura irônica, devida à avaliação de que essa possibilidade não foi aproveitada.

---

10 Gramsci, *Literatura e vida nacional*, p. 4.

11 *O empalhador de passarinho*, p. 181.

Importa, por enquanto, estudar o sentido que Mário de Andrade imprime à sua própria interferência, que é ao mesmo tempo uma proposta de interferência feita a seus companheiros da "classe culta", um chamamento à responsabilidade. Como vimos, essa interferência diz respeito à constituição da nacionalidade, definida no presente por uma série de privações, de faltas, que se evidenciam numa comparação com a Europa.

Essa comparação aparece de maneira curiosa em duas crônicas incluídas no livro *Táxi e crônicas no Diário Nacional*. Surge como oposição entre os elementos Ar e Terra, associados respectivamente ao Brasil e à Alemanha (que podemos encarar como representante metonímico da Europa). A assimilação do Brasil ao elemento Ar está presente na crônica em que se comenta a notícia, vinda de Paris, de que "um brasileiro, o comandante Muniz, realizou num dos aeródromos de lá experiências dum novo tipo de aeroplano". O cronista procura esclarecer:

> Essa mais ou menos curiosa especialidade dos brasileiros pela aviação. O que será que os brasileiros têm com os ares!... o nosso papel na América tem sido viver nos ares. Desde a pré-história que os brasileiros, aliás nem brasis inda chamados, vivemos no ar. [Mas] os antigos habitantes deste mato sem saída, eram mais sensatos que nós. Andavam no ar, que dúvida! Porém sempre, e sensatamente, em perfeita comunhão com a terra... Mas nós outros, não sei não... parece que preferimos o anedótico destino de Gusmão, que subiu sem saber aonde iria parar.[12]

---

[12] *Táxi e crônicas no Diário Nacional*, pp. 225-6.

Já a assimilação da Alemanha/Europa ao elemento Terra aparece a propósito de uma exposição de artes gráficas daquele país, que se realizava em São Paulo:

> A literatura científica alemã [...] constitui por assim dizer [...] a base física do espírito... É um mundo de fixidez... Não me parece que haja no mundo atualmente ninguém que precise mais que brasileiro duma base física bem germânica pro seu espírito... brilhação espiritual, fogo de artifício de palanfrório, isto é que não nos falta absolutamente... O dia em que fundearmos nossa Nau Catarineta desarvorada e luminosa, no porto sossegado e habilitado da ciência alemã no original, então, gentes do mundo, vocês verão de quantos paus se faz essa canoa, pra continuar na metáfora.

E mais: "[...] esta exposição me dá uma esperancinha quanto ao futuro espiritual de nossas brilhantíssimas e, por enquanto, lunares inteligências. Vamos em busca do Sol, nas frias, longas e pensativas... *Denknachte* da Alemanha!"[13].

Cito ainda a expressão "forçura subterrânea dos alicerces", usada em outro trecho do mesmo artigo para se referir às qualidades da ciência alemã.

Dessas crônicas surge um jogo de oposições Brasil × Alemanha (isto é, Europa)[14] que pode ser exposto sob a forma de duas colunas:

---

13 *Ibidem*, pp. 253-5.

14 Mário de Andrade também toma o Brasil como representante da condição geral da América (embora às vezes excetue os Estados Unidos). Em todo o caso, os nomes que usei para as colunas têm, como explico logo em seguida, caráter metafórico, guardando apenas relação muito mediatizada com o que entendemos por "Brasil" e "Europa" em outros contextos e debates políticos e culturais.

BRASIL	EUROPA
Ar	Terra
Lua	Sol
Nau	Porto
Desarvorada	Sossegado
Exterior	Subterrânea[15]

Não escapou aos estudiosos essa tendência de Mário de Andrade para as dualidades[16]. A novidade aqui talvez seja a possibilidade de agrupar diferentes "pares" sobre um eixo comum, pelo qual se definem oposições — entre uma coluna e outra — e identidades — na mesma coluna. Chamei esse esquema de *eixo de metáforas*. O interessante é que esse eixo parece ser capaz de agrupar um número indefinido de pares de opostos que vão aparecendo nas obras do autor[17]. A coluna da esquerda designa sempre algo "que não nos falta absolutamente" (aos brasileiros), e a da direita aquilo que não há no mundo "absolutamente ninguém que precise mais que brasileiro".

Vejamos como isso se dá em outros momentos da obra de Mário de Andrade. No artigo "Cultura musical", ele analisa a situação do ensino de música no Brasil. Entre as medidas mais importantes que propõe estão a "disseminação dos processos de música de conjunto e o combate ao conceito *fogueteiro* da virtuosidade". Mas, sem "*o alicerce* duma pro-

---

15 Além disso, aparecem ligadas ao "Brasil" as ideias de brilhação, fogo de artifício, luminosidade. E à "Europa", as de base física, alicerces, fixidez.

16 Veja-se por exemplo, Wisnik, *O coro dos contrários*, p. 109, e Knoll, *Paciente arlequinada*, pp. 99-100.

17 Quando escrevi isto em 1987, o único livro de Lévi-Strauss que tinha lido era *Tristes trópicos*. Hoje, que já li alguns mais, penso que nesta passagem, à maneira de um personagem de Molière, eu estava sendo estruturalista... sem saber.

teção oficial, os conservatórios, as orquestras, os corais, os conjuntos de câmara, a composição permanente, ainda não poderão existir entre nós. Direis, talvez, que tudo isso poderá existir pela proteção dos capitalistas, mas ainda neste ponto a experiência permite garantir que quaisquer esperanças se fundam na *areia* mais *movediça*"[18] (grifos meus).

A virtuosidade, ou melhor, sua deturpação num conceito fogueteiro, fica então associada à coluna da esquerda: "Campeia em toda parte, nos lares como nos jornais, nas sociedades artísticas como nas escolas, no povaréu das ruas como no povinho dos concertos, na política como na politicagem, a mais completa ignorância da cultura musical, e em vez de buscarem na música as elevações estéticas e sociais da arte, só buscam a sensualidade dum malabarismo virtuosístico"[19].

Essa "toda parte" enumerada é de fato abrangente: engloba instituições (lares/jornais/sociedades artísticas/escolas), massas e elites (povaréu das ruas/povinho dos concertos), grupos de poder (política/politicagem). Mas, curiosamente, o Estado é deixado de fora. É contraposto a "toda parte". É visto como *alicerce*, como solidez. E capaz de, com sua "proteção oficial", garantir um ensino da música que seja mais legítimo, mais "elevado estética e socialmente". A sociedade tem a consistência do Ar, e o Estado, que é sólido, não compõe uma unidade com ela, não é feito da mesma matéria. Ao contrário: Mário de Andrade atribui a este a função de contrariar a tendência dominante daquela.

E a possibilidade de confiar a proteção da música ao mecenato dos capitalistas? Tal possibilidade implicaria fiar-se

---

[18] "Cultura musical", em *Aspectos da música brasileira*, pp. 240 ss.

[19] *Ibidem*, p. 240.

em enganadora aparência de solidez. Para caracterizá-la, sempre na mesma metáfora, o autor recorre à imagem "areia movediça". Aparência de Terra, mas, na verdade, a mesma ausência de solidez do Ar.

Essa lamentável condição atribuída aos capitalistas não é debitada, porém, a circunstâncias econômicas, citadas de passagem — "são aliás raríssimas no Brasil, riquezas enormes que permitam o exercício dum permanente mecenismo". O verdadeiro motivo seria moral: "Nós ainda sofremos o peso dessa tradição devastadora, pela qual quem quer e pode fazer um benefício, dá dinheiro pra Santa Casa, dá dinheiro pra velhice, dá dinheiro aos pobres... protege-se a doença e a incapacidade, ninguém não se lembra de proteger sãos e capazes".

Tal tradição tem evidentes raízes no nosso catolicismo:

> O que eu indigito como uma espécie da nossa incultura, é este viver dentro da morte, esse desgalhamento da visão católica do outro mundo, que nos leva a uma caridade assustada, a uma caridade supersticiosa, a uma caridade esquecida de que a própria vida é uma oração. Ninguém aceita a vida como um benefício de Deus. Ninguém compreende a existência como uma luta, mas como um perigo de ir pro inferno.[20]

Mário de Andrade combate determinada ética de fundo religioso: o que chama de "desgalhamento da visão católica", ou seja, um catolicismo sem galhos, sem viço, tacanho, estéril. Descreve uma caridade que investe na morte, semelhante à do pecador medieval que comprava indulgências para encurtar sua estadia no purgatório. E propõe

---

[20] *Ibidem*, p. 240.

uma caridade que investe na vida, dando meios para quem tem condições de realizar coisas. Os capitalistas seriam, no Brasil, portadores do primeiro tipo de visão, enquanto o Estado seria, ao menos virtualmente, portador do segundo. Conclui o autor: "E de tamanho obscurantismo, talvez não haja outro país no mundo onde o único sistema de emprestar a Deus seja dar aos pobres e aos doentes".[21]

Delineiam-se, portanto, no artigo "Cultura musical", além dos contrastes já registrados, as oposições *virtuosidade/música de conjunto, proteção dos capitalistas/proteção oficial* e *toda parte/Estado.*

Tomemos o par virtuosidade/música de conjunto. Ele vai reaparecer, em imagem muito significativa, num folheto explicativo, redigido provavelmente por nosso autor, ou em

---

[21] Segundo Gramsci, existe outro país assim: a Itália. Escreve ele: "O teatro, as bibliotecas, os museus de vários tipos, as pinacotecas, os jardins zoológicos, os hortos florestais [...] é preciso observar que precisamente estes serviços são quase inteiramente negligenciados por nós [...]. Pelo contrário, na Itália, são abundantes as obras pias e as doações beneficentes, talvez mais que em qualquer outro país. E devidas à iniciativa privada. (Estes elementos devem ser estudados como nexos nacionais entre governantes e governados, como fatores de hegemonia. Beneficência é elemento de paternalismo; serviços públicos intelectuais são elemento de hegemonia, ou seja, de democracia no sentido moderno)" (*Os intelectuais e a organização da cultura*, p. 152). É claro que também é possível relacionar a existência dessa situação na Itália com a influência do catolicismo — ou, em termos gramscianos, com o fato de não ter acontecido lá uma "reforma intelectual e moral", como a representada pelo luteranismo na Alemanha e pelo Iluminismo na França. Do mesmo modo, podemos entender a polêmica sustentada por Mário de Andrade como um tipo de contraposição entre o "paternalismo" obscurantista, que ele critica, e uma política transformadora — que Gramsci chamaria de "hegemônica" — a que ele aspira. (Gramsci introduziu a palavra "hegemonia" no debate político contemporâneo, mas ele não usava a expressão "contra-hegemonia", introduzida pelos estudos culturais britânicos após a leitura do pensador italiano). Note-se que o que Gramsci enumera como "serviços públicos intelectuais" — aliás, que excelente maneira de definir o escopo de uma política cultural democrática! — é exatamente o tipo de atividade que Mário de Andrade viria a desenvolver no Departamento de Cultura de São Paulo.

todo caso sob sua direta influência, para um concerto promovido em 1936 pelo Departamento de Cultura do Município de São Paulo:

> Quem já não se apaixonou por um jogo de futebol? É lindo ver como os onze jogadores de cada partido, embora independentes, se combinam, se conjugam, se ajudam para a conquista da vitória. Os vencedores do jogo não são os que fazem mais bonito individualmente, mas os que souberam se combinar melhor. Pois a letra, o bonito que um jogador faz sozinho é como a melodia solista, ao passo que a combinação perfeita dos onze jogadores é como a música polifônica que o Coral Paulista e os Madrigalistas vão cantar. O dia em que os nossos ouvintes souberem escutar música polifônica como sabem apreciar o jogo polifônico do futebol, todos dirão que o povo paulista é um grande povo culto.[22]

Tanto na música quanto no jogo, propõe Mário de Andrade, a Beleza reside na polifonia. O que é "lindo ver" é a combinação dos jogadores, e não o fazer bonito individual — virtuosístico. Note-se como a interjeição "Bonito!" soa como uma censura no uso popular. Ela evoca a situação de alguém que quis "enfeitar" e acabou "metendo os pés pelas mãos". Lembremos também o fim de Macunaíma, que se transforma no "brilho bonito mas inútil" de mais uma constelação.[23] O *Bonito*

---

[22] Texto integrante do Programa do Concerto Público, de 2 de março de 1936, organizado pelo Departamento de Cultura no Teatro Municipal de São Paulo, Arquivo do IEB-USP. O fac-símile do programa foi publicado em Calil e Penteado (org.). *Mário de Andrade: me esqueci completamente de mim, sou um Departamento de Cultura*, pp. 156-7.

[23] E vai morar no "campo vasto do céu" (*Macunaíma*, p. 217), lembrando a oposição "campo aberto × caminho" que discutimos há pouco e situando-a em nossa coluna dupla: campo, do lado esquerdo, pela associação com céu; caminho, por seu caráter linear ou "fechado", do lado direito.

se opõe à *Beleza*, que ao contrário dele é útil e leva em conta a coletividade.

O futebol serve de metáfora à música, mas ambos, futebol e música, parecem no fundo estar metaforizando o "povo paulista" a quem o autor se dirige. Tornar-se um "grande povo culto" passaria não só por apreciar a polifonia, como também por incorporar a "polifonia social" como valor ético, preferindo a combinação, a ajuda mútua e a conjugação de esforços ao "fazer bonito" do individualismo. Na medida em que a polifonia (concebida aqui enquanto criação da cultura musical europeia, embora hoje saibamos que ela, em diferentes formas, está presente nas mais diversas tradições musicais em todo o mundo) pode ao mesmo tempo representar um ideal estético e servir de metáfora a um ideal ético, ela se ajusta bem ao papel de parâmetro da "cultura" de um povo. E com isso, temos na coluna da direita, representando a "Europa": *Beleza, Polifonia, Solidariedade Coletiva*. E na da esquerda, representando o "Brasil": *Bonito, Melodia Solista, Individualismo*.

No folheto citado, Mário de Andrade está desempenhando através do Departamento de Cultura a mesma função de crítico que exercia antes através dos artigos que publicava na imprensa: educando um público, lutando contra hábitos estéticos arraigados, na tentativa de contribuir para a transformação das sensibilidades[24]. E, de fato, o sentido dessa luta

---

[24] Telê Ancona Lopez notou de passagem, no prefácio que escreveu para o volume *Táxi e crônicas no Diário Nacional* (p. 21), uma afinidade entre o tipo de jornalismo praticado por Mário de Andrade e o que Gramsci chamou de "jornalismo integral" (*Os intelectuais e a organização da cultura*, p. 161). Que Gramsci atribuía ao jornalismo função educativa, pode ser evidenciado pela afirmação de que este é a "escola dos adultos" (*ibidem*, p. 191) e deve exercer uma influência que modifique "a opinião média de uma determinada sociedade, criticando, sugerindo, ironizando, corrigindo, re-

continua o mesmo: desde os primeiros artigos publicados por ele na revista *Klaxon*, criada logo após a Semana de Arte Moderna, em 1922, o autor investe contra o gosto pelo romantismo musical, que predominava então em São Paulo — e aliás continua predominando nas áreas mais tradicionais do público frequentador de concertos no Brasil.

No artigo "Romantismo musical", o autor propõe a seguinte definição para esta expressão: "a combinação sonora que pretende que os sons musicais sejam palavras, e não exatamente sons inarticulados de vibrações isócronas"[25]. A questão do *sentido* na música, aqui aludida, é uma das grandes interrogações que atravessam a obra de Mário de Andrade. O som inarticulado, sem palavras, é desprovido de sentido intelectual, não exprime nenhum conceito, não "representa" nada. E, no entanto, a história da música está cheia de exemplos de significados atribuídos à música: desde o *ethos* associado a cada "modo" na música grega antiga, até os poemas sinfônicos do século XIX, em que se pretendia descrever tempestades ou contar histórias através de efeitos orquestrais[26].

Contra tal atribuição, predomina em nosso autor a defesa do caráter não semântico da música[27]. E em vez de definir

---

moçando e, em última instância, criando 'novos lugares-comuns'" (*ibidem*, p. 177). Para uma visão parecida — embora abordando de modo mais geral a relação do artista com o público — veja-se de Mário de Andrade, no volume referido acima, a série "O castigo de ser" (*Táxi e crônicas no Diário Nacional*, pp. 461-72).

[25] "Romantismo musical", em *O baile das quatro artes*, pp. 35-66.

[26] Para um balanço do debate sobre semântica musical, veja-se Nattiez, *Musicologie générale et sémiologie* e também Wisnik, *O som e o sentido*.

[27] A esse respeito, veja-se Coli, "Mário de Andrade: introdução ao pensamento musical". Pode-se consultar também o texto de referência em defesa do caráter não semântico da música, o pequeno livro do crítico Eduard Hanslick, *Do belo musical*.

o romantismo no sentido estrito, como uma tendência estética influente no século XIX, ele opta por defini-lo de modo mais abrangente, como concepção semântica da música. É essa concepção que ataca, acusando-a de comprometer os valores mais essenciais ao fenômeno musical. Para ele, fazer da música uma linguagem, torná-la (pretensamente) intelectual, destinando-a à tarefa de evocar sentimentos, episódios, lendas (evocação que seria, na verdade, atributo das artes figurativas ou conceituais) — tudo isso tiraria a atenção do compositor e do ouvinte da arquitetura sonora, do som em si mesmo, daquilo que mais intimamente definiria "música".

O romantismo se liga à questão da virtuosidade, que estávamos discutindo, através da noção de *improvisação*: "O virtuose verdadeiro jamais executará duas obras da mesma maneira... o único período da virtuosidade foi o Romantismo, como salienta Paul Bekker, porque só neste tempo ela se baseou na improvisação... não é à toa que, no alemão, o verbo *fantasieren* tanto significa 'cismar', 'fantasiar', como 'improvisar' também"[28].

O músico romântico, portanto, ao improvisar, está exprimindo suas fantasias através de sons. Estes passam a ser a tradução do que lhe vai n'alma, a expressão individualista de sentimentos, além e acima de qualquer contingência técnica ou consideração do aspecto construtivo da obra. (Voltando ao folheto do Departamento de Cultura, podemos lembrar que também no futebol o virtuosismo do craque liga-se à capacidade de improvisar.) Ora, para Mário de Andrade é justamente a cuidadosa construção da obra de acordo com parâmetros que não se limitam ao indivíduo,

---

[28] "Romantismo musical", em *O baile das quatro artes*, p. 50.

que lhe confere valor humano: "A arte... é certo que nasce nos *céus* entusiásticos e fáceis da inspiração, *gozo* sublime e sensual do *indivíduo*. Mas logo em seguida a este gozo de um segundo, ela desce na *terra* desta nossa humanidade, e é o homem-operário, o homem *coletivo* que *sofre* no trabalho perigoso e interrogativo de converter o êxtase do indivíduo num valor humano"[29] (grifos meus).

Com isso, se associa às ideias de *céus* e *indivíduo* a de *gozo*; e às ideias de *terra* e *coletivo*, a de *sofrimento*. A criação de obras de arte fica dividida em dois momentos (já descritos pelo autor, em 1922, no "Prefácio interessantíssimo" do livro *Pauliceia desvairada*): um primeiro momento ligado à inspiração, ao inconsciente, ao talento (e, pela sua intensidade e rapidez, comparado a um orgasmo)[30]; e um segundo momento ligado ao trabalho, à consciência severa, à técnica. Um momento romântico e um momento clássico.

Ressalta na atividade crítica de Mário de Andrade a luta pela afirmação do momento clássico. Em sua avaliação, o Brasil padece de excesso de romantismo: "O verdadeiro romantismo no Brasil talvez se deva datar de 1500"[31]. E ainda: "O que especifica mais o nosso Romantismo é sua extrema necessidade racial, o nosso individualismo incontestável [...]"[32].

Na luta contra tal situação, talvez a arma mais importante seja a valorização da técnica, que como vimos faz parte do momento "clássico". Uma boa exposição do que o autor entende por esse termo está em "O artista e o artesão", aula

---

[29] *O baile das quatro artes*, p. 156.

[30] Depois do "Prefácio interessantíssimo", o tema é retomado em carta a Oneyda Alvarenga (*Cartas a Oneyda Alvarenga*, 1983a, p. 290).

[31] *Táxi e crônicas no Diário Nacional*, p. 195.

[32] *Ibidem*, p. 356.

inaugural do curso de Filosofia e História da Arte que ministrou na Universidade do Distrito Federal em 1938 (quando morava no Rio de Janeiro) e foi publicada posteriormente no livro *O baile das quatro artes*.

Nesse texto o conceito de técnica em artes é dividido em três componentes: o artesanato, a técnica tradicional e a técnica pessoal. O artesanato consiste na submissão do artista aos imperativos do seu material de trabalho: "O som em suas múltiplas maneiras de se manifestar, a cor, a pedra, o lápis, o papel, a tela, a espátula, são o material de arte [...] Mas nos processos de movimentar o material, a arte se confunde quase que inteiramente com o artesanato [...] O artesanato, os segredos, os caprichos, as exigências do material"[33].

A aquisição de competência artesanal tira o artista de seu pedestal de criador onipotente e o obriga a dialogar com a realidade e suas limitações. E essa aquisição consiste num aprendizado: trata-se da "parte da arte que se pode ensinar"[34]. Esse ponto é importante pois dá ao artesanato uma dimensão coletiva, social. É a dimensão artesanal da técnica artística que torna legítima a institucionalização da arte através de escolas, conservatórios, academias, que transmitem, ao longo do tempo, um corpo sistematizado de preceitos e regras. O artesanato é a região mais perfeitamente clássica da técnica. Percebe-se, pelo título do texto examinado, que é sobre ele que recai a maior ênfase de nosso autor dentro da técnica.

O segundo componente da técnica artística, chamado de técnica tradicional, é identificado à virtuosidade, ou a

---

[33] "O artista e o artesão", em *O baile das quatro artes*, p. 11.

[34] *Ibidem*, p. 13.

seu conceito *legítimo* por oposição ao *fogueteiro*. "Entendo aqui por virtuosidade do artista criador o conhecimento e prática das diversas técnicas históricas da arte — enfim o conhecimento da técnica tradicional".[35] Um bom exemplo de emprego da virtuosidade encontra-se na própria obra de Mário de Andrade, na "Carta pras Icamiabas", capítulo IX do *Macunaíma*. Exemplo, aliás, interessante por ser, nele, a virtuosidade ("boa") usada para satirizar o virtuosismo ("ruim"). O autor demonstra seus conhecimentos do que seria um "português de lei", imitando Rui Barbosa e cronistas coloniais com o intuito de satirizar seus contemporâneos apegados a um tradicionalismo que "perde suas virtudes sociais pra se tornar simplesmente 'passadismo', ou, se quiserem, 'academismo'"[36].

Embora essa parte da técnica seja considerada muito útil e, é claro, também ensinável, ela não é vista como imprescindível. Um artista que domine o artesanato não deixará de ser artista por desconhecer as técnicas tradicionais, embora possa perder elementos de enriquecimento expressivo.

A última parte da técnica, chamada de técnica pessoal, se confunde com o talento: "Faz parte do talento de cada um, embora não seja todo ele. É de todas as regiões da técnica a mais sutil, a mais trágica, porque ao mesmo tempo imprescindível e inensinável"[37]. É técnica, porque se refere à relação do artista com o material; mas é talento, por depender da inventiva individual, em vez de ser consequência necessária quer daquela relação — como o artesanato — quer do conhecimento da tradição — como a virtuosidade.

---

[35] *Ibidem*, p. 14.
[36] *Ibidem*, p. 14.
[37] *Ibidem*, p. 15.

Pela primeira vez nesse estudo vemos Mário de Andrade oferecer-nos à reflexão uma trindade, em vez de uma dualidade. Mas, reparando bem, notamos que essa trindade é descrita por meio de dualidades: o caráter prescindível ou imprescindível, ensinável ou inensinável de cada uma das regiões da técnica. Assim, a técnica tradicional é ensinável, mas prescindível; a técnica pessoal é imprescindível, mas inensinável; e só o artesanato é tanto ensinável, como imprescindível. Só este, duplamente valorizado, tanto é imune aos perigos do virtuosismo quanto à "trágica" dependência do talento.

Exposto em linhas gerais o conceito de técnica, vejamos como se manifesta, na obra que estamos estudando, a defesa, a valorização de tal conceito, de sua eficácia social e moral.

No texto "Evolução social da música no Brasil", o assunto aparece duas vezes. Falando da música na época do Império, ao referir-se a Francisco Manuel da Silva, escreve Mário de Andrade: "É então que surge a maior figura musical que o Brasil produziu até agora [avaliação no mínimo heterodoxa, pois esse papel é geralmente reservado a Carlos Gomes ou a Villa-Lobos] e que com o seu fecundo gênio vinha dar bases mais sólidas a todo esse castelo fundado na areia corrediça do litoral"[38].

Esse "castelo de areia" era a vida musical do Império, centrada na ópera. Esta, evidentemente, "não tinha base nenhuma em nosso teatro cantado popular, então no seu período mais brilhante com os reisados, os pastoris, os congos, as cheganças. Antes, [o nosso teatro melodramático]

---

[38] "Evolução social da música no Brasil", em *Aspectos da música brasileira*, p. 26.

era importado e solitário como o próprio Imperador"[39]. A "fecundidade" de Francisco Manuel estaria então ligada à sua capacidade de dar *bases* ao que estava sobre *areia corrediça*. (Chamo a atenção desde já para o uso da metáfora "fecundidade", que voltará a nos ocupar.) Mas o que é notável é que essa capacidade não se relaciona com uma aproximação ao "teatro cantado popular", como se poderia supor em vista do dito anteriormente. Mário de Andrade encontra em Francisco Manuel uma outra fonte de base, de solidez: o músico "funda a nossa técnica musical definitivamente [...] fixa a teoria, fixa a escola e facilita e nacionaliza a ópera imperial, lhe dando organização permanente e sem aventuras"[40].

Francisco Manuel da Silva (1795-1865) foi um organizador da cultura. Fundou a Sociedade de Beneficência Musical[41], escreveu livros didáticos, organizou o nosso primeiro conservatório de música, participou da criação da Imperial Academia de Música e Ópera Nacional. Também compôs — música sacra, principalmente, além de hinos cívicos, entre os quais (no que Mário de Andrade chama de "uma feliz coincidência") o Hino Nacional brasileiro (que só em 1922 acolheria oficialmente a letra de Osório Duque-Estrada, escrita em 1909). Tudo somado, erigir Francisco Manuel em "maior figura musical brasileira" de até então (o artigo é de 1939) não pode ser fruto de avaliação puramente estética: diz respeito à sua personalidade, digamos, mais largamente cultural, que Mário de Andrade

---

39 *Ibidem.*

40 *Ibidem.*

41 "Primeiro órgão criado no Brasil em defesa dos interesses da classe musical", de acordo com a *Enciclopédia da Música Brasileira* (p. 107), da qual, de resto, foram extraídas as outras informações sobre o compositor.

ressalta: "é um coordenador, um sistematizador, um tecnicizador genialíssimo"[42].

O tipo de influência que é atribuída a essa personalidade se manifesta, no trecho citado mais acima, na repetição do verbo "fixar" e na valorização do "permanente" contra a "aventura". Termos que situam o compositor na coluna "europeia" do eixo de metáforas que vemos percorrer a obra de Mário de Andrade. Saliente-se também que "fundar a nossa técnica musical" não significa, nesse contexto, criar uma *nova* técnica musical, "nossa", brasileira. Significa, isto sim, criar condições para a aquisição, por parte dos músicos brasileiros, da técnica musical em uso internacional[43]; e para a própria existência de músicos como especialistas, como grupo profissional dono de competência sancionada. Condições que são sociais: se exprimem na existência de sociedades, conservatórios, academias — instituições. É de se notar que o trabalho de Francisco Manuel tenha se dado em forte vinculação ao Estado e à Igreja, as duas organizações de maior alcance e influência social no Brasil de então. Na ótica de Mário de Andrade, tudo isso valoriza o compositor: situa-o como um não individualista, como um dinamizador da coletividade.

Outro momento do mesmo texto em que surge a valorização da técnica é a menção à malograda reforma do Instituto Nacional de Música, de 1931, cujos artífices principais foram Mário de Andrade, Sá Pereira e Luciano Gallet. Tal reforma

---

[42] "Evolução social da música no Brasil", em *Aspectos da música brasileira*, p. 26.

[43] E neste ponto a situação é bastante parecida com a dos poetas árcades, descrita por Antonio Candido: "metendo ninfas no Ribeirão do Carmo e no próprio sertão goiano, os escritores asseguravam universalidade às manifestações intelectuais da colônia, vazando-as na linguagem comum da cultura europeia" (*Formação da literatura brasileira*, v. I, p. 74).

> aberrava de todas as nossas péssimas tradições musicais [...]
> em seu ideal socializador de fazer do músico brasileiro uma
> normalidade culta, uma classe fortemente dotada de sua técnica —
> desatendendo por completo a essa superstição do talento
> individual, que é a nossa única mística de país sem cultura. A
> reforma ignorava os gênios, num país em que somos todos gênios.[44]

A reforma era, portanto, norteada por um "ideal socializador". Mas em que consistia esse ideal? Em um projeto para o músico brasileiro: torná-lo "uma normalidade culta", "uma classe fortemente dotada de sua técnica". Vemos que o fato de os músicos passarem a ser dotados de técnica torna-os, para o autor, mais sociais. A técnica possuiria a virtude de normalizar e, assim, socializar.

Uma comparação com o *Ensaio sobre a música brasileira*, de 1928, será instrutiva. Nesse texto, Mário de Andrade atribui papel socializador ao contato dos compositores com a música folclórica. O criador, para ter função social, deveria fazer arte *nacional*. No caso da música, a única via para isso seria basear-se — "quer como documentação, quer como inspiração" — no nosso folclore musical[45]. O *Ensaio*, em defesa dessa tese, debruça-se sobre 122 melodias populares e procura estabelecer critérios rítmicos, harmônicos, de instrumentação etc. para caracterizar a brasilidade musical. Brasilidade que permitirá que o artista seja "um ser eficiente como valor humano", e não "um inútil, um nulo". Pois "o critério atual de música brasileira deve ser não filosófico, mas social"[46].

---

[44] "Evolução social da música no Brasil", em *Aspectos da música brasileira*, p. 26.

[45] *Ensaio sobre a música brasileira*, p. 29.

[46] *Ibidem*, p. 19.

A ideia de socialização parece aqui mais fácil de situar. Pelo contato com a música popular o compositor estaria se aproximando do próprio povo, trocando a influência da música europeia pela dos setores majoritários de sua própria sociedade. E, depois disso, ao transfigurar as manifestações desses setores em obras de caráter erudito, estaria expressando a nacionalidade, só que num outro plano, supostamente mais elevado. Criando uma "música artística" brasileira — indo além da música popular que já existia, mas sempre em ligação com ela. Ligação que provavelmente era imaginada por Mário de Andrade também como forma de evitar o isolamento da primeira, sua impermeabilidade ao gosto do povo.

Já a atribuição de virtude socializadora à técnica não é tão facilmente explicável. A técnica parece alheia a querelas ideológicas; sua "neutralidade" é quase proverbial. A própria definição adotada pelo escritor aponta nesse sentido, ao considerá-la fenômeno de relação entre artista e material de trabalho — logo, relação entre seres humanos e coisas, não de seres humanos entre si.

Mas esse ponto pode ser esmiuçado. Para a literatura, por exemplo, o "material" não consiste, em primeira instância, em lápis, borracha, computador ou papel. E nem mesmo em alfabeto, do qual prescindiram os aedos e bardos desde os tempos de Homero, e todas as tradições de literatura oral[47]. O verdadeiro — e etéreo — "material" da literatura são as palavras, seus sentidos, sons e relações. Material que é eminentemente social; criação — em perpétuo perfazer —

---

[47] Segundo o escritor britânico Anthony Burgess, que era músico amador, "a realidade da literatura, oposta à sua aparência em registros escritos ou impressos, é a organização de sons da fala, e isto torna a literatura uma arte temporal, uma gêmea da música." (Burgess, *This man and music*, p. 41).

da comunidade dos falantes[48]. Se é assim, o respeito ao artesanato, no caso de um escritor, implica o conhecimento da língua viva, de suas sutilezas de expressão, suas nuances e exigências.

O caráter social dos materiais da arte pode ser evidenciado pela variabilidade da distinção entre artesanato e técnica tradicional, isto é, entre o que é imprescindível e o que é prescindível dentro da técnica. Para tomar agora o exemplo da música: um compositor, em certas circunstâncias, não precisa mais do que saber cantarolar suas melodias para ser compositor. Há competentíssimos autores de canções populares que não apenas desconhecem notação musical, como não tocam nenhum instrumento. No caso de compositores de música erudita, porém, o conhecimento de notação musical, de orquestração, sem falar das inúmeras técnicas composicionais desenvolvidas no século XX, é hoje considerado imprescindível. O prescindível para uns é imprescindível para outros.

Mas existe também no artesanato um aspecto "material" no sentido mais comum da palavra. Este aspecto se manifesta, no caso da música, no aprendizado de instrumentos. O material da arte aparece aqui objetivado como coisas, instrumentos concretos e externos. Mesmo para cantores, o domínio da chamada técnica vocal pode levar a encarar seu próprio aparelho fonador precisamente como um "aparelho", isto é, como objeto; algo, do ponto de vista ontológico, externo a si, por mais que, do ponto de vista fisiológico, faça parte de seu corpo.

---

[48] Veja-se, por exemplo, Celso Pedro Luft, *Língua e liberdade*. Desnecessário relembrar o quanto a literatura disponível sobre o tema se avolumou no Brasil desde 1988.

Mas esse material-coisa ainda não é propriamente objeto da competência artesanal. Esta se refere, em vez disso, a formas socialmente definidas de relação com instrumentos musicais (para continuar no exemplo). O modo de abordar estes é certo que surge, em parte, de suas características intrínsecas; e, na mesma medida, de características anatômicas do instrumentista. Mas ambas são, por si, insuficientes para determinar a competência artesanal, que advém, na verdade, da incorporação de certos modelos de interação humano/material, como foi dito, socialmente definidos.[49]

Ora, esses modelos aparecem, diante de cada artista individual, encarnados no material. Eles são categorias através das quais o material torna-se conformável, viabiliza-se como substrato de uma expressão. Assim, a relação do artista com a sociedade (enquanto relação intrínseca à arte, constitutiva desta, muito além dos costumeiros questionamentos sobre seu caráter "engajado" ou "participante") se manifesta na relação com o material.

Isso se torna ainda mais patente se voltarmos ao caso da literatura. Pois a "relação com o material", aqui, começa com o aprendizado da articulação das palavras, do falar — da técnica do falar. Só que o domínio dessa técnica (ao contrário do caso do cantor que citamos antes) não sugere o distanciamento do sujeito em relação ao aparelho fonador.

---

[49] "Pegue um violão e olhe bem para ele. Olhe-o bem e verá que não se pode encontrar nada, absolutamente nada, que nos diga que é preciso pegá-lo de certa maneira, nem o afinar de certa ou certas maneiras, tocá-lo em tal ou qual parte, ou que tenha de ter cordas... É nesse sentido que digo que falar de técnica do violão carece por completo de sentido... não se trata de técnica do violão, sem mais; mas de técnica do violão para tocar determinado tipo de música." (Masliah, "Conversación entre un tal Pérez y un tal Rodríguez sobre cosas estrechamente relacionadas a la técnica en el arte", p. 23, tradução minha).

Não consiste propriamente numa "relação com o material" — embora se trate, concretamente, do problema bastante "material" de movimentar adequadamente boca, língua, lábios e maxilares. Pois é no próprio processo de aquisição de linguagem que se constitui um sujeito capaz de "relacionar--se" com alguma coisa: essa constituição é — para a maioria das pessoas — concomitante ao aprendizado da fala. E esse aprendizado se confunde com a própria socialização, com a incorporação da criança na sociedade, como se vê pelo papel nele desempenhado pela necessidade de comunicação e pela imitação[50].

Curioso é que quando se faz referência ao "material" de trabalho de um criador no campo da literatura — de um "escritor" — é bem provável que se pense antes de mais nada em livros, teclados e telas. Isso expressaria perfeitamente a ideia de que a técnica é uma relação com coisas (ideia que tem larga difusão mas que, como se vê, impossibilita compreender a atribuição de virtude socializadora que Mário de Andrade lhe faz). Ora, saber digitar um texto é em grande medida uma projeção, um desdobramento, de saber dizê-lo e pensá-lo, as únicas coisas, em última análise, estritamente indispensáveis ao exercício da literatura[51].

---

[50] Sobre a fala e seu aprendizado, veja-se Fry, *Homo loquens: o homem como animal falante*.

[51] E ainda por cima, uma projeção em segundo grau, pois passa pelo aprendizado anterior da caligrafia. Num mundo de teclados e telas, seria a passagem pela escrita à mão indispensável ao processo de alfabetização? É o que sugerem pesquisas recentes sobre o tema (ver, por exemplo, Wolf, *O cérebro no mundo digital*). Mário de Andrade aborda a relação entre caligrafia e datilografia, em carta a seu tio Pio: "Carece ir aos poucos adquirindo aquela sensibilidade datilográfica que é diferentíssima da manugráfica, se me permitir o neologismo [...]. No manuscrito é a mão que vibra sensível, e ela está mais próxima do coração e da misteriosa sede das nossas faculdades intelectuais. Recebe o eco forte ainda e diz fácil o que a gente quer. Mas os dedos são como raízes múltiplas dessa mão, e se já de si estão mais longe do coração

Essa digressão visou esclarecer a natureza da vinculação estabelecida entre *técnica* e *socialização* por Mário de Andrade. Tal natureza não se encontra plenamente esclarecida nos seus textos e precisaria de maior aprofundamento, o que, no entanto, foge ao escopo deste livro. Creio, porém, que com o que ficou dito podemos entender melhor, no já citado artigo sobre "Romantismo musical", as críticas do autor a essa corrente: "não é o material da música que lhe preceitua a técnica e condiciona o assunto tornando-o, portanto, acessível a todos, mas exclusivamente o artista em busca da realização do 'seu' assunto", com o que se "tresvaria o humano e coletivo conceito da técnica"[52].

No texto "A elegia de abril", de 1941, a importância da técnica volta a ser destacada[53]. O artigo, encomendado por uma "revista de moços", *Clima*, se propõe a "falar sobre a inteligência nova" do país, mas na verdade faz uma avaliação do panorama geral da intelectualidade brasileira no momento.

> É certo que sob o ponto de vista cultural progredimos bastante [...] já vão se formando gerações bem mais técnicas e bem mais humanísticas. [...] Esta melhoria sensível da inteligência técnica se manifesta principalmente nas escolas que tiveram o bom senso de buscar professores estrangeiros, ou mesmo brasileiros educados noutras terras, os quais trouxeram de seus costumes

---

e do cérebro que a própria mão, inda por cima são muitos, são raízes, serão veredas onde o eco do ser se repete e se perde fugidio. Custa a gente recobrar nos dedos manobrando aquela integridade de sentimento e de pensar que a mão possui. Possui porque vem sendo usada desde a infância, eu sei, mas isso mesmo é que importa muito pra nós, esse costume adquirido." (*Pio & Mário, diálogo da vida inteira*, p. 251).

[52] "Romantismo musical", em *O baile das quatro artes*, p. 46.

[53] Em *Aspectos da literatura brasileira*, pp. 185-95.

culturais e progresso pedagógico uma mentalidade mais sadia que desistiu do brilho e da adivinhação.[54]

Note-se de novo a alusão ao "brilho" como característica brasileira, a que se opõem os "costumes culturais" estrangeiros, propiciadores de técnica. E encontraremos em outro trecho do mesmo artigo referência à *"falsa altura*, tão comum entre nós, dos *arranha-céus*... em taipa de mão", contraposta à "modesta consciência técnica com que a escola de São Paulo se *afirma* em sua macia lentidão [...], ajuntando *pedra sobre pedra*, amiga das afirmações bem *baseadas*, mais amorosa de pesquisar que de concluir"[55] (grifos meus). Vê-se como a ideia de *altura* e de *arranha-céu* se associa de novo à de *falsidade*. À instabilidade e à precariedade de uma casa "em taipa de mão". E se opõe a algo que se afirma (isto é, se torna *firme*) apoiando-se na solidez de pedras, construindo uma *base*. É precisamente *entre nós* — no Brasil — que aquela "falsa altura" é tão comum. A escola de São Paulo, portanto, reage contra a tendência predominante, ao agir com "macia lentidão", preferindo o pesquisar ao concluir.

Nota-se aqui uma valorização da *lentidão*, que se vai contrapor seguidamente à *velocidade* na obra de Mário de Andrade — constituindo mais um par a ser encaixado em nossa coluna dupla. "Convém tornar os moços mais lentos e iniciar no Brasil o combate às velocidades do espírito", escreve na *Revista do Arquivo Municipal*[56]. E, na mesma revista,

---

54 *Ibidem*, pp. 185-6.

55 *Ibidem*, p. 186.

56 "Homenagem à professora Adelfa Silva Rodrigues de Figueiredo — discurso de encerramento do Curso de Biblioteconomia do Departamento de Cultura", *Revista do Arquivo Municipal*, v. XXXIV, abr. 1937.

em outra ocasião: "Até este século foi da própria essência do destino americano viver o minuto que passava. [...] essa falta de paciência moral que designou para destino das cidades da América o viver exclusivamente do presente (foi consequência de) termos chegado tarde por demais numa civilização já feita"[57].

A *velocidade* é característica americana da qual o Brasil compartilha. A *lentidão* é própria de quem não "chegou tarde", mas fez sua própria civilização: em Mário de Andrade essa referência diz respeito à civilização europeia, mas também às da Índia, da China, de Java, do Benim.

O trecho citado há pouco alude à opção entre *pesquisar* e *concluir*. Este ponto se relaciona com a opção entre *análise* e *síntese*, que também aparece na obra que estamos estudando e se expressa com frequência no diálogo que o autor trava com o crítico Alceu Amoroso Lima, através do texto "Tristão de Athayde" e da correspondência entre ambos[58]. Essa frequência se explica pela tendência para as sínteses que Mário de Andrade identificava em seu interlocutor e que atribuía ao caráter sectário, mais imediatamente político e tendente ao proselitismo, da posição de Amoroso Lima — que se convertera ao catolicismo em 1928 — em face dos problemas do país. "Tanto mais que eu como todos os sutis decadentes tendo necessariamente a distinguir, a ser um analítico; e você como todos os ditadores, condutores etc.

---

[57] "Dia de São Paulo", *Revista do Arquivo Municipal*, v. xix, jan. 1936.

[58] Para uma discussão sobre as vias analíticas e sintéticas de conhecimento do Brasil segundo os modernistas, vejam-se as obras de Eduardo Jardim, *A brasilidade modernista: sua dimensão filosófica* e *A constituição da ideia de modernidade no modernismo brasileiro*. Para o diálogo com Alceu Amoroso Lima, veja-se "Tristão de Athayde", em *Aspectos da literatura brasileira*, pp. 7-25, e a correspondência em *Mário de Andrade escreve cartas a Alceu, Meyer e outros*, pp. 13-39.

tende necessariamente a englobar e a ser sintético".[59] E a propósito de Tristão de Athayde (pseudônimo de Amoroso Lima) como crítico literário:

> Nessa barafunda, que é o Brasil, nossos críticos são impelidos a ajuntar as personalidades e as obras, pela precisão ilusória de enxergar o que não existe ainda, a nação. Daí uma crítica prematuramente sintética [...]. Quando a atitude tinha de ser de análise de personalidade e às vezes mesmo de cada obra em particular, eles sintetizavam as correntes, imaginando que o conhecimento do Brasil viria da síntese. Ora tal síntese era, especialmente em relação aos fenômenos culturais, impossível [...]. Não é tempo ainda de compreender a alma-Brasil por síntese.[60]

O texto modula imperceptivelmente da questão particular, a literatura brasileira, para a geral: a nação, a "alma-Brasil". A nação "não existe ainda": o que existe é uma "barafunda", uma confusão indistinta — uma "imundície de contrastes", como dirá o mesmo artigo em outro trecho. E parece que é, de alguma forma, a existência dessa "barafunda", dessa "imundície" que leva os críticos a "enxergar" o que ainda não existe. Pois o texto nos transmite a imagem de algo que leva, que empurra, que força, quando diz que os críticos "são impelidos" e têm uma "precisão ilusória". Note--se o uso da palavra *precisão* para exprimir necessidade — há algo que *precisa* acontecer: tal uso é significativo, num contexto em que se pode pensar também no outro sentido daquela palavra, sentido em que ela se opõe a uma situa-ção caótica e confusa: precisão enquanto nitidez, exatidão.

---

[59] *Mário de Andrade escreve cartas a Alceu, Meyer e outros*, p. 26.

[60] "Tristão de Athayde", em *Aspectos da literatura brasileira*, p. 8.

"Nossa exatidão", que há de ser parida pela miséria presente, como canta o final do poema "O carro da miséria"[61]. Ainda sobre a expressão "precisão ilusória": a ideia aqui não é de "falsa precisão", de necessidade que, na verdade, não existiria. Trata-se, isto sim, de "precisão" que gera ilusão, de necessidade que ilude, mesmo sendo ela própria, necessidade, bastante real e eficaz em sua tarefa de criar visões do inexistente.

A necessidade de exatidão, de nitidez, teria, pois, raiz numa situação real de caos, de "barafunda". É como se a tendência a sintetizar fosse uma reação, no plano das ideias, ao caos real, e tanto mais se exacerbasse, quanto mais intenso fosse este. Aquela tendência seria, em termos freudianos, uma espécie de sintoma originado pelo recalque da "barafunda" e da "imundície".

Nota-se pela reiteração de "ainda" — a nação "não existe ainda", "não é tempo ainda" de compreender por síntese —, e pela afirmação de que a crítica é "prematuramente sintética", que Mário de Andrade encarava a manifestação do referido sintoma como um caso de precipitação gnosiológica. Um problema de articulação entre tempo e modalidade de conhecimento. "Nossa exatidão" ainda está para ser parida pela miséria: a síntese pertence ao futuro. E se, hoje, ela só pode se manifestar como sintoma da miséria recalcada, o desvelamento desta terá, em alternativa, de ser obtido através de um tempo de (vale o trocadilho) *análise*: tempo de levantar pacientemente dados e informações, tempo de trabalhos de cunho monográfico. Sínteses válidas, sólidas — quase escrevo "sadias" — precisariam ser precedidas por esse tipo de trabalho, pertenceriam a tempo posterior.

---

61 Em *Poesias completas*, v. 2, p. 229.

No texto citado, desenha-se uma relação de simultaneidade entre o par análise/síntese como modos de conhecimento do Brasil, e como processo real que estaria em desenvolvimento nesse mesmo Brasil. Pois, como vimos, para Mário de Andrade a "nação não existe ainda", ou seja, o próprio Brasil não alcançou uma síntese real. Esta também — podemos supor — virá a seu tempo: quando se fala em "precipitação", é comum imaginar um momento posterior, em que o precipitado se transforma em adequado. A condição para que a síntese como modo de conhecimento se torne adequada seria a existência de uma realidade que se tornou, ela mesma, sintética. O país seria porém, até então, mero somatório de realidades desarticuladas; seria a "desequilibrada, desigual, desmantelada, despatriada entidade nacional"[62].

A repetição do prefixo *des* — implicando negação, privação — denuncia a patética constatação a que nosso autor finalmente chega, quando se refere ao "nada que somos como entidade [...] o mais amargo nada humano"[63]. Não somos nada, porque não estão ligados "o gaúcho ao pernambucano, o paulista ao paraense, o mineiro ao carioca"[64], e assim o Brasil propriamente não existe.

Talvez a expressão mais direta desse sentimento na obra aqui estudada — e do inconformismo com ele — sejam os "Dois poemas acreanos"[65]. Não por acaso, são o fecho do *Clã do jabuti*, entre os livros de poesia de Mário de Andrade o mais empenhado na pesquisa de temas e formas nacionais.

---

[62] *Mário de Andrade escreve cartas a Alceu, Meyer e outros*, p. 164.

[63] "Tristão de Athayde", em *Aspectos da literatura brasileira*, p. 10.

[64] *Mário de Andrade escreve cartas a Alceu, Meyer e outros*, p. 164.

[65] Em *Poesias completas*, v. 1, pp. 150-3.

No primeiro deles, "Descobrimento", o autor lembra-se subitamente de um homem "pálido, magro [...] baixinho, desmerecido", vivendo "lá no norte, meu Deus! muito longe de mim", enfim, um seringueiro do Acre, que "é brasileiro que nem eu". Os dois poemas expressam o caráter abstrato dessa identidade, o fato de que pouco há de comum entre poeta e seringueiro, além da mera afirmação de serem ambos brasileiros. Afirmação que, note-se, surge como lembrança repentina e perturbadora, não como expressão de realidade patente e cotidiana.

A ideia de "ser brasileiro" como atributo *comum* de poeta e seringueiro, e virtualmente de todo o povo (desculpem a tautologia, aliás sintomática) brasileiro, é contrastada com a ausência de *comunidade*, de *comunicação* entre os mesmos. Esse contraste deixa implícita a suspeita de que "ser brasileiro", então, nada signifique. Mas o poeta se esforça para criar a comunicação que pretende dar concretude ao atributo comum, se esforça "pra cantar uma cantiga" que possa ser ouvida pelo seu distante interlocutor. E seu estro encontra obstáculos:

> Que dificuldade enorme!
> Quero cantar e não posso,
> quero sentir e não sinto
> a palavra brasileira
> que faça você dormir....

O cantar, o sentimento e a palavra do poeta não são compartilhados pelo seringueiro. Tudo que os une são abstrações:

> Fomos nós dois que botamos
> pra fora Pedro II
> Somos nós dois que devemos

até os olhos da cara
pra esses banqueiros de Londres

Eles não sabem "nada um do outro". E que o poeta, o intelectual, nada saiba do seringueiro, leva-o por extensão à ideia de que não sabe nada, ponto.

Seringueiro, eu não sei nada!
E no entanto estou rodeado
dum despotismo de livros
estes mumbavas que vivem
chupitando vagarentos
o meu dinheiro o meu sangue
e não dão gosto de amor
[...]
E não sinto os meus patrícios!
E não sinto os meus gaúchos!
[...]
E não sinto os seringueiros
que amo de amor infeliz...

O poeta não sabe nada porque a "sabença", para se constituir como realidade válida, precisa dar "gosto de amor", isto é, basear-se numa comunidade de sentimentos com os "patrícios". Como isso não acontece, o "despotismo de livros" se transforma em despotismo mesmo, no sentido próprio: opressão, tirania. Livros parasitas, vampirescos, incapazes de gerar vida. E o amor do poeta permanece infeliz.

Essa infecundidade dos livros e do saber, sua incapacidade de gerar uma comunhão de sentimentos que dê concretude à ideia de nação, aparece ainda em outro texto: a "Advertência" que abre o volume *Namoros com a medicina*. Lá, o autor faz referência a sua metodologia de trabalho, fazendo fichamentos sobre assuntos que o interessavam: "Os anos, não eu, reuniram assim um regular deserto de fichas". E se põe a explicar essa metáfora do deserto. Não se relacionaria com a numerosidade dos grãos de areia, mas antes com a ocorrência de miragens: "Há os que me chamam de culto apenas porque tenho alguma paciente leitura. Há momentos em que me acredito seguro de um assunto, apenas porque sobre ele tenho cento e vinte fichas. Perigosas miragens..."[66].

Mas falta alguma coisa nessas explicações. É que a metáfora do deserto remete principalmente a outra conotação: a de infertilidade. No deserto não se pode cultivar: um fichário deserto é incapaz de cultura, tanto quanto a leitura, mesmo que "paciente", de "livros-mumbavas"[67].

Os livros são incapazes de prover a ligação entre poeta e seringueiro — ou, falando à maneira de Gramsci, entre intelectuais e povo. Esse mote — a desvalorização da cultura letrada, tida por alheia à vida prática, incapaz de com ela relacionar-se — foi largamente explorado por algumas correntes culturais durante as décadas de 1920 e 1930. Como al-

---

[66] *Namoros com a medicina*, pp. 5-9.

[67] Adiantando assunto de capítulo posterior, ressalto que a "Advertência" citada foi escrita em 22 de novembro de 1937, doze dias depois de instituído o Estado Novo. Em São Paulo, especialmente, a situação política sofrera radical reviravolta. A posição de Mário de Andrade na chefia do Departamento de Cultura ficara comprometida, e com ela a continuidade do trabalho que vinha se desenvolvendo. "Jogado fora da escrita por paixões talvez mais humanas vou aos poucos retornando ao velho vício da literatura", anuncia. De fato, desde 1935 ele não publicara nada, a não ser artigos na *Revista do Arquivo Municipal*. Esse período de mutismo literário coincide com sua gestão do Departamento de Cultura — realização das "paixões" a que se refere. A frustração acarretada pelo fim daquela gestão faz sentir o esforço nela empenhado como tendo sido "jogado fora". Nessas condições, se aguçam os tons sombrios, de que só a "amenidade irônica" resguarda a "Advertência"; e surgem na sensação de infecundidade, impotência de vida, transmitida pela ideia de deserto.

ternativa, essas correntes culturais fizeram apelo à intuição: às formas de conhecimento que se propunham a dispensar a mediação de livros e fichas, por se apoiarem na imediaticidade de vivências e sentimentos. A atitude de Mário de Andrade face a esse apelo à intuição será de oposição tenaz — a despeito do pessimismo quanto à "sabença", nos trechos citados há pouco.

Mais uma vez o diálogo com Alceu Amoroso Lima ilustra o problema. Diz o pensador católico, depois de invectivar contra o "agnosticismo radical [...] de quase todas as nossas inteligências", que se recusariam a reconhecer a importância da religião católica na história do Brasil: "E se [os deturpadores da nossa história] não olham para o exterior, que fará com o que não está visível aos olhos do corpo! Com o que se sente mas não se vê. Com o que se sente mas não se define. Com o que sente e não se pode provar por estatísticas, pois transcende a toda estatística, e é mais leve que todo peso, mais sutil que todo número, maior que toda medida"[68].

E retruca Mário de Andrade: "Ora, não é possível o pensador católico encontrar maneira mais rápida de invalidar o que vinha provando, do que citar em abono próprio essa coisa que ele é que sente e considera indefinível. E portanto não pode servir de prova"[69].

O que se está impugnando no argumento de Amoroso Lima é seu caráter intuicionista. O conhecimento intuitivo se coloca fora da jurisdição da razão. Não se baseia em realidades visíveis, mensuráveis, ou definíveis através de quaisquer critérios sujeitos a debate público; mas numa realidade

---

[68] "Tristão de Athayde", em *Aspectos da literatura brasileira*, p. 12.

[69] *Ibidem*, pp. 12-3.

outra, que transcende a essas contingências pouco sutis. Não olha para o exterior, mas é essencialmente subjetivo e sua única fonte é o sentimento. Não se submetendo ao *fair play* das evidências e das controvérsias, não poderia ser invocado em discussão que se quer argumentativa.

A intuição possui caráter sintético, opondo-se à razão que pode chegar a sínteses provisórias mas procede sempre por meio da análise. O conhecimento intuitivo surge inteiro de um só olhar, num *insight* instantâneo e completo. O conhecimento racional exige demoras, tateios, desvios. É estreita e constantemente constrangido por imperativos metodológicos e, como se não bastasse, sofre de incompletude crônica. Intuição: romantismo. Razão: classicismo.

Já sabemos de que lado está Mário de Andrade quanto a essa oposição. Ele fala da intuição no artigo "São Tomás e o jacaré". Lá, lembra

> que um dos momentos mais espirituais da minha vida foi assistir ao almoço dum jacareassú. Que bote angélico ele deu... [...]. Percebi no nhoque, invisível de tão rápido, aquele conhecimento imediato, aquela intelecção metafísica, atribuída aos anjos por São Tomás. [...] O jacaré intuiu pato e por instinto comeu pato [...]. Ver pato, saber pato, desejar pato, abocanhar pato, foi tudo um.[70]

Nada mais sintético, já se vê. Mas note-se que associar intuição a anjos implica, de alguma forma, situá-la nos ares. E a crônica que liga *Brasil* a *Ar*, citada no início deste capítulo, termina justamente comparando o povo brasileiro a anjos: "O que nos entusiasma e dirige é o nosso predestino aviató-

---

[70] *Táxi e crônicas no Diário Nacional*, p. 105.

rio que faz com que nos imaginemos uns águias quando somos apenas uns esvoaçantes e borboleteantes anjos do Senhor". Este é, aliás, o próprio título da crônica: "Anjos do Senhor". Mário de Andrade repete a comparação numa carta a Augusto Meyer, falando da "inenarrável preguiça e também incultura deste povo angélico"[71].

Comparar o povo brasileiro a anjos tem o sentido de atribuir-lhe mentalidade intuitiva, alheia à racionalidade analítica que o autor vê como predominante na civilização contemporânea. Mas associar *Intuição* a Brasil e *Razão* a Europa não era privilégio do autor que estamos estudando. Eduardo Jardim mostra a presença da mesma associação em outras correntes culturais da década de 1920, como o grupo da Anta e o da Antropofagia[72]. Notemos inicialmente que Jardim define intuição como "uma iluminação, uma adivinhação"[73] — o que nos leva de volta ao trecho da "Elegia de abril" em que são louvados os costumes culturais de outras terras, cuja implantação nos estaria forçando a desistir "do brilho e da adivinhação". As palavras "iluminação" e "brilho" evocam, ambas — inclusive quando despidas do caráter de metáforas da vida intelectual, que compartilham também —, a visão de uma luz repentina, intensa e fugaz, como se tivesse sido gerada por fogos de artifício...

Segundo Jardim, as citadas correntes culturais faziam "o elogio das formas nacionais do conhecimento intuitivo opondo-as às caducas formas analíticas estrangeiras. Na

---

71 *Mário de Andrade escreve cartas a Alceu, Meyer e outros*, pp. 102-3.

72 Jardim, *A constituição da ideia de modernidade no modernismo brasileiro*, capítulo IV.

73 *Ibidem*, p. 203.

linha de raciocínio dos antropófagos [...] o saber analítico era tributário da experiência catequética"[74]. E Plínio Salgado, depois líder do integralismo, o fascismo brasileiro dos anos 1930, lamentava em 1927 que o intelectual brasileiro não pudesse ser o "médium possuído de si mesmo, quer dizer das forças e das vozes nacionais que estão no seu sangue, pelo fato justamente de divorciar-se da vida vivida no país"[75].

O intelectual possui no "sangue" — isto é, de modo imediato, natural — as "forças e vozes nacionais". Deve deixar-se possuir por elas, como um médium. E precisa renovar o seu *casamento* com a "vida vivida no país" — uma vez que dela se *divorciou*. Sangue, possessão, mediunidade: a escolha dessas palavras para caracterizar o modo como intelectuais devem conhecer o Brasil serve para banir desse modo qualquer vestígio de razão analítica. O Brasil deixa de ser objeto de conhecimento e transcende a própria dualidade sujeito/objeto, para se transformar numa síntese pegajosa — algo como a "geleia geral", na famosa expressão de Décio Pignatari — na qual o ex-intelectual é absorvido.

Mas como explicar que se estimule intelectuais a serem possuídos por algo que já possuem, algo que é "eles mesmos"; e a servirem de médium ao que — estando "no seu sangue" — já existe neles de modo *i-mediato*? Esses paradoxos se deveriam a terem interposto mediações — a cultura e a ciência "europeias" — entre si e a "vida vivida no país". Essas mediações levaram ao divórcio de ambos, fraturando sua primitiva unidade. A invectiva visa, portanto, o retorno

---

74 *Ibidem*, pp. 202-3.

75 Citado por Jardim, p. 203.

à suposta situação original, com a consequente rejeição das "formas analíticas estrangeiras".

A oposição de Mário de Andrade ao intuicionismo implica, ao contrário, uma adoção e valorização daquelas formas (e, na verdade, um questionamento à ideia de que são "estrangeiras", do mesmo modo como se questionaria a ideia de que a língua portuguesa que usamos é "estrangeira"). Melhor: implica a convicção de que elas são elemento já constitutivo de nossa vida cultural, do qual a rigor não se pode mais fugir (se tal fuga algum benefício acarretasse). Escreve, por exemplo, criticando o "Manifesto Pau-Brasil" de Oswald de Andrade: "O. de A. desbarata com o que cita 'Virgílio pros tupiniquins' no mesmo período citando as 'selvas selvagens' de Dante pros tupinambás"[76]. Também nesse sentido, depõe a crônica "Teutos mas músicos" em que, preocupado com a onda de antigermanismo oriunda dos tempos de guerra, resolve explicar por que começou a estudar alemão já com

> trinta anos feitos, ou pouco menos. Foi que eu me sentia afrancesado em meu espírito e [...] percebi que para me tornar realmente brasileiro em minha sensibilidade e minhas obras, havia primeiro que me desintoxicar do exagerado francesismo do meu ser. A simples dedicação à coisa nacional não me pareceu suficiente [...] não me dava alimento intelectual bastante para que eu continuasse a cultivar com liberdade o meu espírito. [...] Foi então que tive uma ideia bem malvada para me curar de minha francesite. [...] E resolvi estudar alemão [...]. Atirei-me com verdadeira ansiedade, com quase patriotismo, ao estudo do alemão.[77]

---

76 Citado por Jardim, p. 70.
77 *Música, doce música*, pp. 314-8.

O objetivo é tornar-se "realmente brasileiro". A forma de alcançá-lo, porém, passa pela cultura "europeia", numa espécie de terapia homeopática: para se curar do excesso de Europa, outra Europa. Do mesmo modo que quem critica Virgílio acaba citando Dante, a alternativa à França pode ser a Alemanha. Propor como alternativa exclusiva o próprio Brasil significaria na verdade privar-se de "alimento intelectual" (ou, pelo menos, de um tipo de alimento intelectual!) e da possibilidade de continuar "cultivando o espírito com liberdade"; significaria em última análise persistir no francesismo que já estava dado. Daí a ideia de que o estudo do alemão era uma atitude patriótica: é ele que vai permitir a nosso autor se encontrar afinal "destemperadamente brasileiro"[78].

É óbvio aqui que Mário de Andrade está a léguas de distância do que Roberto Schwarz chamou, num artigo clássico, de "Nacional por subtração": a ideia de que "nacional" é o que sobra quando todos os elementos estrangeiros são deixados de lado. Ao contrário, ele encarou o tema com um construcionismo de fazer inveja às obras muito posteriores, e tão citadas, de Eric Hobsbawm e de Benedict Anderson sobre "invenção de tradições" e "comunidades imaginadas"[79].

De fato, Mário de Andrade demonstrava ver a si mesmo e a seus companheiros intelectuais como atores decisivos na configuração do Brasil como resultado, como meta, como ponto de chegada político e cultural. Resultado, aliás, incerto, como qualquer coisa que dependa

---

[78] *Ibidem*, p. 316.

[79] Hobsbawm e Ranger (org.), *A invenção das tradições*; Anderson, *Comunidades imaginadas: reflexões sobre a origem e a difusão do nacionalismo*. Ambas tiveram suas edições originais em 1983.

da criação de coletivos, no sentido que, depois, seria desenvolvido pelo sociólogo Bruno Latour (2007) — para continuar citando autores muito posteriores ao período aqui tratado.

Para Mário de Andrade, "tornar-se brasileiro" implicava vir a conhecer o país, e como tal conhecimento ligava-se a uma transformação de si mesmo (a um "tornar-se" algo que não se era ainda), ele implicava também vir a conhecer-se a si mesmo enquanto brasileiro. Donde a importância que dá, como veremos, à etnografia: tomada esta, não como lente para observar um Brasil já pronto em seus possíveis esconderijos, mas como ferramenta para construir, na dialogia que caracteriza sua abordagem, um Brasil até então, como vimos, inexistente[80].

Isso posto, como explicar que Mário de Andrade, em alguns momentos, pareça compartilhar do desprezo, tendencialmente "intuicionista", por livros-mumbavas e por infecundos desertos de fichas (legítimos representantes das tais "formas analíticas estrangeiras")? Parece que, na visão de nosso autor, o fato de que a cultura letrada possa, em certas circunstâncias, assumir semelhante aspecto não invalida a suposição de que, em circunstâncias mais

---

[80] A aparente contradição da ideia de que ao "conhecer algo" também o "construímos" é um velho tópico de debate filosófico, que também fez correr tinta na ciências sociais (ao menos desde o livro do antropólogo Roy Wagner, *A invenção da cultura*, publicado originalmente em 1975). Para lidar com o tema, tenho recorrido ao trabalho do filósofo canadense Ian Hacking, e especialmente a seu livro *Historical ontology*. Lá ele se define como "um 'nominalista dinâmico', interessado em observar como nossas práticas de nomear interagem com as coisas que nomeamos; mas também como um 'realista dialético', interessado em estudar a interação entre o que existe (e o que está vindo a existir) e nossas concepções sobre estas existências" (livro citado, p. 2, tradução minha). E, em modo mais aforístico: "Pensando, trazemos à existência novos candidatos à verdade ou à falsidade" (p. 160, tradução minha).

favoráveis, possa despir-se dele. Tais circunstâncias favoráveis ligam-se, no imaginário do autor, a alguns de seus temas centrais, como o "rito da primavera" e o "sacrifício" propiciatório. Essa ligação já foi denunciada pelo aparecimento da metáfora "fecundidade" e será discutida com vagar no próximo capítulo.

Por ora, importa notar que os momentos aparentemente "intuicionistas" são um sintoma da fissura, agudamente sentida pelo autor, entre intelectuais e camadas populares no Brasil. E aqui "fissura" tem tanto o sentido de fenda, quebra, desconexão, quanto o sentido da gíria carioca, "fissura", desejo, vontade de conexão. A fissura no primeiro sentido — negativo — é mais uma expressão da "inexistência do Brasil", da falta de ligação entre as supostas partes dele, que não passam de unidades desrelacionadas. A fissura, no segundo sentido, tende a constituir uma positividade. Representa um movimento do intelectual na direção do povo, um esforço para "não passar na sua vida [dele povo] / numa indiferença enorme"[81]. E esse movimento, no caso de Mário de Andrade, se faz no sentido de tornar fértil o deserto de fichas, "dar gosto de amor" aos livros, isto é, se faz ao apostar nas possibilidades de ferramentas de convivência que talvez ainda tenhamos o direito (e a esperança) de chamar de "conquistas civilizatórias", como os livros e as universidades. Ferramentas que podem expressar nosso cosmopolitismo situado, contribuindo, com "ciência alemã" e com qualquer outra mandioca em nosso tipiti, para "fundear nossa Nau Catarineta" e mostrar ao mundo "de quantos paus se faz nossa canoa"...[82].

---

[81] *Poesias completas*, v. 1, p. 153.

[82] *Táxi e crônicas no Diário Nacional*, p. 253.

*

Ao concluir este capítulo, creio ser útil trazer algumas considerações de Renato Ortiz que elucidam aspectos da relação entre os intelectuais e a alternativa entre síntese e análise, discutida há pouco. Ortiz trabalha com a distinção de Gramsci entre folclore e filosofia:

> A realidade do mundo social é múltipla, daí ela se opor à filosofia, sistema de conhecimento que ordena e compreende esta multiplicidade. O folclore, como universo simbólico de conhecimento, se aproxima do mito e se revela como o saber do particular. [...] é necessário um elemento exterior a essas duas dimensões que atue como agente intermediário. São os intelectuais que desempenham esta tarefa de mediadores simbólicos. [Eles] são na verdade agentes históricos que operam uma transformação da realidade sintetizando-a como única e compreensível.[83]

Sintetizar, no sentido bem geral de "ordenar a multiplicidade do mundo" e de operar a mediação entre "saberes do particular" e "filosofia", é pois atividade própria, característica de intelectuais. E, nesse sentido, o próprio Mário de Andrade não escaparia dessa determinação[84].

---

[83] Ortiz, *Cultura brasileira e identidade nacional*, pp. 138-9.

[84] De fato, percebe-se, pelo exposto anteriormente, que nosso autor aspira à síntese, e que sua defesa da via analítica de conhecimento do Brasil (para usar expressão de Eduardo Jardim) se faz em nome de síntese posterior, situada em seu tempo legítimo. "Tenhamos paciência, andorinhas curtas/ Só o esquecimento é que condensa", proclama o poeta no famoso "Eu sou trezentos..." (*Poesias completas*, v. 1, p. 157). Sobre esse ponto, Victor Knoll traz importantes subsídios. Tratando das imagens que ocorrem na obra poética de Mário de Andrade, afirma: "De um lado, o jaboti como imagem do brasileiro exprime a sua diversificação e dilaceração — o seu caráter

A hipótese enunciada por Ortiz indica que os intelectuais, ligando-se à "realidade do mundo social", podem fazer a mediação entre saberes particulares que deste emanam e uma possível concretização da entidade nacional. Assim, aquela ligação articula-se com a própria ligação gaúcho/pernambucano/carioca etc. preconizada por Mário de Andrade. Vê-se que nessa linha de raciocínio os intelectuais teriam uma contribuição a dar na realização do Brasil como *síntese real*.

Por essa última expressão, recapitulando, entendo o processo pelo qual, segundo nosso autor, o Brasil, de *nada* que era, de mero adjetivo — "brasileiro" — colado indiscriminadamente a poetas, seringueiros etc., totalmente alheios uns aos outros, torna-se enfim alguma coisa. Estive trabalhando com a distinção entre essa síntese real, que o autor de *Macunaíma* almejava, e as sínteses intelectuais que condenava como *precipitadas*. E assim condenava justamente porque não podiam ainda corresponder a uma "alma-Brasil" que não existia.

Essa negatividade, essa "precariedade ontológica" atribuída ao Brasil por Mário de Andrade, foi estudada por Eduardo Jardim, contrastando-a com a positividade imputada à universalidade moderna, ao "concerto das nações cultas", ou, nos termos metafóricos aqui utilizados, à Europa. Jardim mostra que, para nosso autor, "o ser nacional se realiza na medida em que se incorpora na ordem da

---

arlequinal; de outro lado, o boi representa a totalidade dessa diversidade. O boi é o elo que une as diferentes partes, é a costura que une os diversos losangos que fazem o traje do Arlequim. Ainda mais, o jaboti é uma imagem que traduz o estar do brasileiro, enquanto que o boi exprime o movimento desse estar" (Knoll, *Paciente arlequinada*, p. 152).

modernidade"[85]. Na polarização entre "nacional" e "universal", o sinal "+" está, portanto, na melhor tradição do cosmopolitismo, com o último termo, não com o primeiro. Aquele precisa ser incorporado neste, para abandonar o vale das coisas falhas e frustradas (incompletas, para usar palavra da predileção de Mário de Andrade) e elevar-se ao patamar das coisas plenas.

O ponto é que essa incorporação à modernidade, longe de acarretar diluição, se traduz justamente na criação da entidade nacional. Os dois processos — incorporação e "entificação" (o neologismo pode ser útil) — se confundem, porque o resultado da aplicação sistemática do polo analítico às nossas "unidades desrelacionadas" seria, se a história permitisse, a almejada síntese real — seria afinal a conquista de um *caráter*. Só que o elemento ativo dessa parceria continua sempre sendo, para Mário de Andrade, a coluna da direita em nosso eixo de metáforas. É lá que encontramos os valores ao lado dos quais ele se situa e luta para afirmar no plano político-cultural; contra a aérea inconsistência de um *Brasil* que ainda não passa de nome, que seria ainda uma espécie de matéria-prima informe, substanciosa e desorganizada.

Jardim demonstra que a afirmação do "universal", no pensamento dos modernistas a partir de 1924, se faz pela mediação do nacionalismo. Espero ter mostrado que, vice--versa, a afirmação do nacional para Mário de Andrade se faz pela mediação do "universal". A "síntese" do Brasil, a chegada a um estágio de existência da entidade nacional, dependeria dessa mediação, puxando pelo nosso cosmopolitismo, não contra ele. Só assim podemos compreender

---

[85] Jardim, *A constituição da ideia de modernidade no modernismo brasileiro*, p. 20.

o delicioso paradoxo contido na afirmação de Mário de Andrade: "Atirei-me com ansiedade, com quase patriotismo, ao estudo do alemão".

Capítulo II

Um sabor de Joana D'Arc

Na página anterior: Nau Catarineta (apresentação de encerramento do
Congresso da Língua Nacional Cantada, organizado pelo Departamento de
Cultura), 1937. Foto de Benedito Junqueira Duarte, 1937, Acervo Fotográfico
do Museu da Cidade de São Paulo.

O Departamento de Cultura é o meu túmulo.
Mário de Andrade em carta a Murilo Miranda

Há uma característica da obra de Mário de Andrade que tem sido unanimemente ressaltada por seus comentadores. Trata-se da constante preocupação demonstrada por ele em dar-lhe funcionalidade social, imprimir-lhe dimensão coletiva, solidária. Tal característica tem sido abordada sob vários ângulos. Telê Ancona Lopez, por exemplo, fala do "sentido de compromisso" do autor e da "necessidade que sente de que a arte e os intelectuais em geral existam para servir a humanidade"[1]. Carlos Drummond de Andrade refere-se à "incomparável vocação de escritor público"[2] presente no autor de *Macunaíma*, expressão encampada por Lélia Gontijo Soares no título de seu prefácio ao volume *Cartas de trabalho*. Por sua vez, Gilda de Mello e Souza fala do "momento essencialmente político que Mário de Andrade viveu e a consciência quase apostolar de seu destino de escritor"[3]. A observação de José Miguel Wisnik quanto ao "didatismo [...] visceralmente assumido por Mário ao longo da sua vida"[4] pode também, a meu ver, ser creditada à característica citada.

Seria possível continuar citando referências parecidas, mas essas, que colhi quase ao acaso, já bastam para fixar o ponto que aqui interessa. Tomadas em conjunto, elas alu-

---

1 Lopez, *Mário de Andrade: ramais e caminhos*, pp. 12-4.

2 Citado em Andrade, *Cartas de trabalho*, p. 24.

3 Souza, "Apresentação", em *O banquete*.

4 Wisnik, *O coro dos contrários*, p. 107.

dem à existência, na obra de Mário de Andrade, de algo que se nomeia por palavras como "compromisso", "público", "apostolar", "didatismo". Algo que, além disso, ocupa um lugar bastante importante dentro dessa obra, pois se configura como seu sentido/vocação/destino/visceralmente assumido.

Apesar dessa importância — amplamente reconhecida e explicitada inúmeras vezes inclusive pelo próprio autor — a característica aludida não tem merecido, com poucas exceções, estudos específicos. Seus contornos são ainda pouco nítidos; ela aparece como uma impressão difusa, indefinida. As próximas páginas tentarão esclarecer o sentido dessa dimensão, que chamarei de "dimensão política", mesmo tendo contra isso as insistentes alegações de apoliticismo feitas por Mário de Andrade[5].

Para tanto, partirei de um trecho que considero exemplar. Trata-se da carta a Rodrigo Mello Franco, em que a certa altura, o autor, como ele mesmo diz, "se deixa escrever", no tom confessional que sua correspondência assumia amiúde: "Algumas frases ditas sobre mim e para mim, através dos anos, não conseguem se esperdiçar no tecido da memória, se gravaram como prêmios justos e conseguidos com luta". E, linhas depois, passa a narrar o seguinte caso:

> No dia em que eu li pela primeira vez o "Noturno de Belo Horizonte" aqui em casa, no meio de todos esses paulistas

---

[5] Por exemplo: "Sou infenso à política. Tenho horror à política, isso sim. Tenho repugnância instintiva pelas formas políticas de ser." (*Cartas a Murilo Miranda*, p. 38). Os seguintes trabalhos tratam especificamente da "dimensão política" de nosso autor: os livros *Política e poesia em Mário de Andrade*, de Joan Dassin, e *Um poeta na política: Mário de Andrade, paixão e compromisso*, de Helena Bomeny; e o artigo de Oneyda Alvarenga, "Sonora política", publicado em seu livro *Mário de Andrade, um pouco*.

escolados e desfibrados pela "discrição" social, de repente o grupo engrossou contra mim, e o Rubens Borba na frente, me apontando com o dedo... ameaçador, exclamou: Você acaba escrevendo letra pro Hino Nacional! (*avec l'assentiment des grandes héliotropes...*) Eu meio que abaixei os olhos, falando de manso: "Pois se precisar, escrevo mesmo". Dentro de mim havia um valor, um sabor de Joana D'Arc. A gente não precisa ser Joana D'Arc para ter e preservar em si o sabor de Santa Joana.[6]

De onde tira Mário de Andrade esta evocação: um sabor de Joana D'Arc? Parece que a cena relatada desencadeia associações que despertam nele a sensação, a imagem, a lembrança de Santa Joana. Vamos, portanto, no intuito de acompanhá-lo, recordar brevemente sua história.

Na primeira metade do século xv, durante a Guerra dos Cem Anos, a Coroa da França estava em disputa. Eram seus pretendentes o príncipe Carlos, filho primogênito do rei Carlos vi, e o próprio rei da Inglaterra, Henrique vi, cujo exército, em aliança com a facção francesa dos borguinhões, ocupava a parte norte do país. A cidade de Reims, cuja catedral era o lugar tradicional da investidura dos reis franceses, estava em território ocupado. Se o pretendente ao trono não fosse coroado lá, a legitimidade de sua postulação estava sujeita a sérias dúvidas na mente do povo. Cinco anos após a morte do pai, ele ainda não havia sido capaz de fazê-lo, o que tornava sua causa aparentemente desesperada.

Joana era uma camponesa da região da Lorena, que aos 13 anos começou a escutar vozes celestes incitando-a a combater ao lado do príncipe Carlos. Aos 16, ela se disfarça

---

[6] *Cartas a Murilo Miranda*, pp. 186-7.

com trajes masculinos, vai até o príncipe e lhe oferece seus préstimos na guerra contra os ingleses. Depois de alguma hesitação, é aceita e, logo em seguida, comanda a libertação de Orléans, que estava sitiada e dada como perdida. Após uma campanha vitoriosa ela entra triunfalmente com o príncipe Carlos em Reims, onde este finalmente é coroado. Mas a guerra continua e Joana acaba sendo capturada pelos borguinhões. É submetida a julgamento como herege diante de corte religiosa e, depois de marchas e contramarchas (ela chega a abjurar, mas logo se arrepende da abjuração, reincidindo na suposta heresia), é afinal entregue a autoridades seculares inglesas, que a queimam em praça pública[7].

Que associações poderíamos fazer entre essa história e a de Mário de Andrade? Em primeiro lugar, trata-se da história de uma santa, em que a religião cumpre papel importante. E certamente existe algo de religioso em torno da figura de nosso autor. Seu epíteto mais conhecido: o papa do modernismo. Outro: o apóstolo da brasilidade. O primeiro, na boca dos desafetos, teria provavelmente tom pejorativo, dando a entender que os modernistas eram uma "igrejinha" na qual ele "pontificava". Mas parece que esses títulos denotam bem um quê de contrição, de devoção, que é possível detectar na atitude do escritor diante das causas que abraçava. Visualizemos a cena descrita linhas atrás: ela não guarda certa similitude com uma sessão do tribunal da Inquisição? Rubens Borba de Moraes, o promotor, dedo em riste, com anuência geral acusa o réu de grave heresia. Este, com muita humildade, muito tranquilo, confirma: se

---

7 Este resumo está baseado no verbete "Saint Joan of Arc" da *Enciclopédia Britânica*, edição em papel consultada em 1986.

for preciso, incorre no que para seus acusadores é uma heresia: "Se precisar, escrevo mesmo".

Essa noção do "precisar" me parece fundamental. Pois quando lemos o trecho descuidadamente, nem damos pela falta do sujeito da oração. Se quem precisar? Se o quê precisar? Como o assunto é o hino nacional, talvez devêssemos entender: se a nação precisar. Mas isso seria reduzir o alcance da questão. Prefiro ver o verbo "precisar" aí funcionando como verbo impessoal, feito "chover": quem chove é a chuva, já ensinava Jorge Ben; e quem precisa é a "precisão", para voltarmos a uma palavra discutida no capítulo 1. Não há sujeito. O "precisar" é uma fatalidade, uma obstinação, está acima de vontades pessoais, é como as ordens dadas pelas vozes que Joana D'Arc ouvia. "A moral é uma exigência": já ouvimos Mário de Andrade dizer isso nas primeiras páginas deste trabalho, e ouviremos de novo antes do ponto final.

Por outro lado, há o aspecto secular da história, que também apresenta interesse. Quanto a isso, chama a atenção a importância assumida pelo problema da legitimidade. O cerne dramático da narrativa é a necessidade de que o príncipe seja coroado em Reims, necessidade obstaculizada pela presença dos ingleses. O apogeu da trajetória de Joana é precisamente a satisfação dessa necessidade. Note-se que a coroação é uma cerimônia, um rito, cujo poder e importância são da ordem do simbólico. A coroa é um símbolo do poder, mas sendo-o ela não é mera expressão de poder já existente, não é apenas manifestação e consequência de um poder já dado; ao contrário, a coroa é ela mesma fonte autônoma de poder. Um rei sem coroa não é um verdadeiro rei, e de fato Joana D'Arc só se dirige ao príncipe como "Meu Rei" depois da coroação. E mais: não basta que o rei seja coroado, é preciso que ele seja coroado na catedral de Reims, como todos os anteriores reis da França. A cerimônia, para ser legítima, deve atualizar a tradição. Esta aparece assim como fonte de legitimidade, e Joana D'Arc é aquela que leva o monarca, a despeito das hesitações dele, a restabelecer o contato entre poder político e tradição, possibilitando desse modo revigorar o primeiro. Há aí ricas sugestões para pensar a trajetória de Mário de Andrade, que, como constatamos antes, achava que a Fé, a Lei e o Rei só se tornariam realidades eficientes quando pudessem repousar na "precedência orgânica" constituída pela tradição.

Representando um ponto de contato mais óbvio com o autor que estamos estudando, há também o que se poderia chamar de "nacionalismo" da donzela de Orléans. É claro que no século xv esse conceito não se aplica propriamente: mesmo a parte da narrativa que hoje parece referir-se ao problema nacional (o conflito entre França e Inglaterra) era, de acordo com o espírito da época, vivida do ponto de vista da religião e das fidelidades a monarcas. Para nós, porém, o que importa é que Joana D'Arc representou um marco no processo — então embrionário — de formação da consciência nacional francesa; e é de fato como símbolo nacional, mais, talvez, do que como santa, que ela foi apropriada pela posteridade (e em especial, aliás e infelizmente, pela extrema direita francesa).

Outro elemento a destacar é o travestimento de Joana D'Arc. Para poder participar da guerra ela se veste de homem. Sua abjuração pouco antes do fim se expressou no despir os trajes de homem, e a posterior reincidência na heresia veio junto com reassumir aqueles trajes. A roupa masculina aparece aqui como símbolo da disposição guerreira: só envergando-a seria possível combater. Ora, existe um travestimento parecido no autor que estamos estudando.

Travestimento no sentido de mentira, de roupa que, ao encobrir, falsifica. E esse travestimento tem igualmente o propósito de possibilitar um combate: "Este monstro de hipocrisia pessoal que afinal de contas sou eu, contando o que imagina útil, fazendo o que imagina útil, se sequestrando, se não contando, se sacrificando em si [...]. No fundo eu sou mas é mesmo um livre e ingênuo poeta, no sentido mais virginal, mais antissocial da palavra"[8].

Em nome de uma utilidade que tentaremos definir melhor, Mário de Andrade esconde conscientemente o que pensa verdadeiramente ser. Veste o poeta virginal e antissocial com uma armadura combativa e coletivista. Como Joana D'Arc, precisa construir uma *persona*, uma máscara que oculta seu ser primeiro, autêntico, para que possa integrar-se num movimento coletivo: "Deformei, ninguém não imagina quanto, a minha obra [...]. Abandonei, traição consciente, a ficção em favor de um homem-de-estudo que fundamentalmente não sou"[9]. "No fundo, eu sou tudo o que sacrifiquei em mim"[10], conclui com melancolia.

A noção de sacrifício que começa a se esboçar aqui está presente também em inúmeras outras passagens de nosso autor e permite dar remate à analogia com a heroína francesa. Ela, de fato, sacrificou a própria vida em nome de suas convicções políticas e religiosas. Jorge Coli e Luiz Carlos da Silva Dantas, na introdução que escreveram para *O banquete*, falam da "vocação sacrificial" que levou Mário de Andrade ao "combate e à luta pela arte de seu tempo

---

8   *Mário de Andrade escreve cartas a Alceu, Meyer e outros*, p. 80.

9   "O movimento modernista", em *Aspectos da literatura brasileira*, p. 254.

10   *Mário de Andrade escreve cartas a Alceu, Meyer e outros*, p. 80.

e de seu país"[11]. E ele, como vimos, fala de si mesmo em termos que autorizam aquela expressão: "Sacrifiquei por completo três anos de minha vida começada tarde, dirigindo o Departamento de Cultura", escreve em carta a Paulo Duarte[12]. Veja-se também o final do poema "Acalanto para Luís Carlos":

> Dorme, Luís Carlos, a franca
> Perfeição deste teu sono
> Enquanto o mundo é mudado
> Pelo homem sacrificado
> Por amor do teu futuro.[13]

A "perfeição" do sono de Luís Carlos se contrapõe às imperfeições do "homem sacrificado": as "imperfeições voluntárias, conscientes, lúcidas, que mentem no que verdadeiramente eu sou"[14].

Mas a ideia de sacrifício, mais que opção individual, assume no autor o aspecto normativo de uma ética proposta aos intelectuais em geral. Por exemplo: "O compositor brasileiro [da atualidade] é um sacrificado [...]. Diante da obra a construir [ele] ainda não é um ser livre [...], esquecido em consciência de deveres e obrigações"[15]. Ou a carta a Hélio Pellegrino em que lamenta a atitude de seus colegas de geração: "Mas os meus companheiros de 22 e de 30 não me escutam! Não me escutaram. [...] Os que podiam se sacrificar, os

---

11 Em *O banquete*, p. 25.
12 Duarte, *Mário de Andrade por ele mesmo*, p. 158.
13 *Poesias completas*, v. 2, p. 314.
14 "Café — concepção melodramática", em *Poesias completas*, v. 2, p. 340.
15 "Evolução social da música no Brasil", em *Aspectos da música brasileira*, p. 33.

que deviam se sacrificar porque isso até lhes completava a vida e a sua destinação intelectual, esses não escutam nada, não querem saber"[16].

Percebe-se aqui um eco daquele "chamamento à responsabilidade" abordado no capítulo 1, e que vem junto com uma grande valorização do papel dos intelectuais como elemento de transformação social. Mas o que quero acentuar agora é que, segundo Mário de Andrade, eles só podem representar esse papel através do sacrifício. É como se os intelectuais fossem a oferenda sacrificial por excelência; eles são os que "podiam" e "deviam" se sacrificar; seriam, como a "Geni" de Chico Buarque, uma prenda especialmente prezada/desprezada, a única capaz de servir de penhor na transação entre a comunidade e as potências celestes.

Há um poema, dos mais famosos do autor, incluído na *Lira paulistana*, que fornece importantes elementos para a compreensão dessa ética do sacrifício. É o que começa dizendo:

Quando eu morrer quero ficar
Não contem aos meus inimigos
Sepultado em minha cidade
Saudade.[17]

Nele, o autor pede que, depois de sua morte, cada parte de seu corpo seja deixada em um lugar de São Paulo:

---

16 Carta inédita, datada de 16 de fevereiro de 1944, à qual tive acesso em 1986 graças à gentileza do saudoso Hélio Pellegrino. Com sua autorização enviei, na época, uma cópia ao Acervo Mário de Andrade, no IEB-USP.

17 Da "Lira paulistana", *Poesias completas*, v. 2, p. 300.

Meus pés enterrem na rua da Aurora
No Paissandu deixem meu sexo
Na Lopes Chaves a cabeça
Esqueçam,

e assim por diante. Sabemos que o autor de *Macunaíma* aproveitava sistematicamente procedimentos e motivos da literatura popular em seus trabalhos. Pode-se, por isso, relacionar o citado poema com o final do romance do "Boi Espácio", colhido por ele mesmo:

O couro do Boi Espácio
Deu cem pares de surrão
para carregar farinha
Da praia do Maranhão,

E assim com a língua, o sangue, os olhos, o rabo do Boi Espácio etc.[18]

Em nota do capítulo 1 já foi abordado o tema do boi e da importância atribuída a ele como símbolo unificador do povo brasileiro. Em uma das fichas de Mário de Andrade a propósito do bumba meu boi, lê-se: "Unidade de língua, unidade de religião, várias são as razões inventadas para designar esse fenômeno absurdo que é a unidade brasileira. Talvez fosse mais razoável indicar a unidade do boi. O boi é realmente o principal elemento unificador do Brasil"[19].

Telê Ancona Lopez fala da existência de um "sentido totêmico" na "partilha do Boi, feita no Bumba e presente nos versos de cantadores e violeiros". E lembra que o autor das

---

[18] Citado por Lopez, *Mário de Andrade: ramais e caminhos*, p. 134.
[19] *Ibidem*, p. 132.

Danças dramáticas do Brasil "tivera oportunidade de assistir um exemplo recente da divisão totêmica do Boi quando de sua viagem ao Nordeste". Trata-se do "boizinho prodigioso do Padre Cícero, o qual, tornando-se concorrente do beato milagreiro, é por sua ordem sacrificado"[20]. Anotou ele na ocasião: "A carne dele foi ainda picada em milhares de pedacinhos que toda a gente quis guardar santificando o lar".

O poema citado, portanto, sugere uma identificação de Mário de Andrade com o boi através dessa característica comum: a divisão ou partilha do corpo após a morte. Vejamos ainda o que diz nosso autor na introdução às *Danças dramáticas do Brasil* (das quais a mais importante seria justamente o bumba meu boi):

> É curiosíssimo constatar que em grande número de nossas danças dramáticas se dá morte e ressurreição da entidade principal do bailado. [...] Se trata duma noção mística primitiva, encontrável nos ritos do culto vegetal e animal das estações do ano, e que culmina sublimemente espiritualizado na morte e ressurreição do Deus dos cristãos[21].

Influenciado pela leitura de *O ramo dourado*, do antropólogo britânico James Frazer, Mário de Andrade vê no bumba meu boi um vestígio, ou melhor, uma atualização dos ritos europeus da primavera, quando era celebrada a volta da fecundidade da natureza[22]. A própria morte e ressurreição de Cristo teria sentido semelhante: Cristo como o

---

[20] *Ibidem*, p. 135.

[21] *Danças dramáticas do Brasil*, v. 1, p. 25.

[22] Sobre a influência do livro de James G. Frazer no pensamento de nosso autor, confira Lopez, *Mário de Andrade: ramais e caminhos*, p. 127.

"cordeiro de Deus" que é sacrificado a fim de propiciar uma nova aliança entre Deus e os homens, uma nova primavera, um reflorescer do mundo. A analogia entre Cristo e o boi se apoia também na repartição do corpo, que ocorre simbolicamente na Última Ceia e nas missas católicas: o corpo de Cristo é compartilhado, tornando-se fator de unidade entre os seres humanos e possibilitando a *comunhão*.

Essa ideia da divisão do corpo após a morte remete também à figura de Tiradentes, que depois de enforcado teve as partes de seu corpo retalhadas e espalhadas. Trata-se também de um mártir, alguém que se sacrificou, inocentando os companheiros, e que passou para a história como uma espécie de totem da nacionalidade. Mário de Andrade alude a Tiradentes numa carta a Sousa da Silveira:

> O Sr. estará certamente percebendo em tudo isto o demagogo, o proselitista, o sacrificado... Sim, serei tudo isso, desque o Sr. não imagine jamais que no meu sacrifício consciente de mim exista o mais mínimo cultivo da dor, ou qualquer aspiração a ficar futuramente tiradentizado (!) na consciência nacional[23].

Nosso autor conhecia os trabalhos de Freud sobre totemismo e foi influenciado por eles[24]. Gilda de Mello e Souza, em comunicação pessoal, chamou minha atenção para a presença dessa influência no conto "O peru de Natal", em que os sentimentos ambivalentes do protagonista em relação ao pai recém-falecido se resolvem num jantar festivo que assume contornos de verdadeira refeição totêmica. Estão presentes os três elementos principais da imagem que es-

---

23 *Mário de Andrade escreve cartas a Alceu, Meyer e outros*, p. 151.

24 Freud, *Totem e tabu*.

tou rastreando na obra em pauta: o sacrifício ("papai, que queria tanto bem à gente, que morreu de tanto trabalhar pra nós [...] papai fora muito bom, sempre se sacrificara tanto por nós"), a repartição do corpo ("O peito do peru ficou inteiramente reduzido a fatias amplas. [....] Entre risos, os grandes pratos cheios foram passados pra mim e principiei uma distribuição heroica, enquanto mandava meu mano servir a cerveja") e a fecundidade em que a morte se transfigura ("foi aquele primeiro peru comido no recesso da família, o início de um amor novo, reacomodado, mais completo, mais rico e inventivo, mais complacente e cuidadoso de si")[25].

Embora o poema "Quando eu morrer quero ficar..." não fale em sacrifício nem em comunhão, é lícito ver essas imagens embutidas nele, na medida em que o dito poema suscita uma série de associações com outros momentos da obra de Mário de Andrade, nos quais tais imagens aparecem. (Aqui, estou tratando os textos à maneira como Freud trata os sonhos: vendo neles um conteúdo latente, expresso através da cadeia associativa construída pelo próprio autor-sonhador.[26]) O autor, portanto, se identifica com o boi e com Cristo, com Tiradentes e com Joana D'Arc, ao imaginar sua própria morte como um *sacrifício*, um equivalente dos ritos da primavera, cujo objetivo é — para remeter ao capítulo 1 — tornar fecundo o deserto, ligar o pernambucano ao carioca etc.; em suma, dar à vida "gosto de amor", no sentido tanto de fertilidade como de comunhão.

A noção de sacrifício percorre a obra de Mário de Andrade de 1922 até sua morte. Há porém um momento

---

25 "O peru de Natal", em *Contos novos*, pp. 99-102.

26 Freud, *A interpretação dos sonhos*.

no qual ela parece intensificar-se, assumindo feição radical e, por assim dizer, objetiva: trata-se do momento no qual o poeta assume a direção do Departamento de Cultura do Município de São Paulo. Essa afirmação se baseia em dois textos. O primeiro, uma oração de paraninfo proferida em 1935:

> Chamado a um posto oficial, embora não político, me vi de chofre desanuviado dos sonhos em que sempre me embalei. [...] Eu fui o filho da felicidade. Nunca sofri. [Mas] agora tendes à vossa frente um órfão. Não mais o filho da felicidade, a felicidade morreu, mas o apaixonado, o ganancioso compartilhador da precariedade humana. [...] As alegrias, as soluções, os triunfos, não satisfazem mais, porque não se dirigem às exigências do meu ser, que eu domino, nem dele se originam; antes, nascem da coletividade, a ela se dirigem, a esta coletividade monstruosa, insaciável, imperativa, que eu não domino por ser dela uma parte menoríssima [...] Deixei de ser feliz, mas a inocência nasceu.[27]

O sacrifício restitui a inocência; a morte da felicidade purga a culpa. O deus em cujo altar se realiza esse sacrifício é a coletividade. Note-se como esta é pintada: "monstruosa, insaciável, imperativa". A imagem que daí resulta lembra algum demônio ou dragão de fábula, a exigir periodicamente (como no famoso balé *A sagração da primavera*, com música de Stravinsky) um tributo na forma de virgens inocentes (ou talvez poetas "virginais") a serem devoradas sem piedade...[28].

---

[27] "Cultura musical", em *Aspectos da música brasileira*, pp. 235-6.

[28] A lembrança de *A sagração da primavera* não é tão casual: Peter S. Hansen menciona, entre os fatores de interesse pela arte "primitiva" que sugeriram ao produtor Diaghilev o assunto do balé, a publicação de *O ramo dourado*

O outro texto a citar é extraído de uma carta a Murilo Miranda:

E também você sabe, você sabe muito bem, Murilo, o que significou pra mim a minha... adesão ao Departamento de Cultura. Me lembro perfeitamente bem que disse também pra você que encarava isso como um suicídio [...] porque não podia mais aguentar ser um escritor sem definição política. O Departamento vinha me tirar do impasse asfixiante, ao mesmo tempo que dava ao escritor suicidado uma continuidade objetiva à sua "arte de ação" pela arte. Ia agir. [...] era sempre me conservar utilitário dando uma pacificação às minhas exigências morais de escritor, pois tirava o escritor de foco, botando o foco no funcionário que surgia. [...] Percebi a possibilidade dum suicídio satisfatório e me suicidei. Eis aí.[29]

É a mesma ideia expressa de outra forma. No sacrifício da primeira citação, o sacrificante se confunde com o sacrificado, eles são a mesma pessoa (como aliás na missa cristã, lembra-nos Carl G. Jung[30]). A felicidade morre; ela é, ao mesmo tempo, vítima e parte do próprio Mário de Andrade. Daí o uso do verbo "suicidar-se" na voz passiva (em vez de pronominal): "o escritor foi suicidado". Como o sacrificado é o próprio sacrificante, o sacrifício se confunde com um suicídio. Mário de Andrade sacrifica o escritor, que é ele mesmo, para "pacificar" o eu "monstruoso, insaciável, imperativo" de suas "exigências morais" e, assim, renascer como inocente (e nesse renascimento se completa a analogia com os ritos da primavera).

---

de James Frazer. Cf., a esse respeito, Hansen, *An Introduction to Twentieth Century Music*, p. 47.

[29] *Cartas a Murilo Miranda*, p. 39.

[30] Jung, *O símbolo da transformação na missa*, p. 48.

Foi dito que, ao assumir a direção do Departamento de Cultura, a presença do sacrifício na vida do escritor assume "feição radical". É que até então o sacrifício, se era constante, era também localizado, delimitado, circunstancial; manifestava-se aqui e ali, sem chegar, como agora, a essa plenitude, a essa exacerbação totalizante e sem volta. Tal radicalidade é testemunhada também pelo depoimento de Paulo Duarte, que num capítulo intitulado "Paixão de Mário de Andrade" (título que aliás se coaduna perfeitamente com as associações de ideias aqui desenvolvidas) afirma:

[Para dirigir o Departamento de Cultura era preciso] ser o que Mário de Andrade foi, isto é, um homem que, pela obra, abandonasse tudo. Deixasse de ser artista, deixasse de ser escritor, deixasse de ser jornalista, deixasse de ser professor. Era preciso ser só Departamento de Cultura, tomando-o não como um bico a mais, não como um degrau para arranjos melhor retribuídos, tomando-o como *finalidade* no seu verdadeiro sentido filosófico de causa final. Era preciso apaixonar-se pelo Departamento de Cultura, entregar-se inteiramente a ele, num amor de instinto de perpetuação da espécie cultural, capaz de morrer pelo seu amor, como Mário de Andrade morreu pelo Departamento de Cultura.[31]

A expressão "amor de instinto de perpetuação da espécie cultural" revela a intuição do papel desempenhado aí pelo vínculo morte/renascimento que vínhamos discutindo: é essa fecundidade do amor e do sacrifício que dá sentido à ideia de "morrer pelo Departamento de Cultura". De fato, todo o capítulo no qual esse trecho se inclui visa demons-

---

31 Duarte, *Mário de Andrade por ele mesmo*, pp. 143-4.

trar, com o passionalismo característico da escrita de Paulo Duarte, que o escritor nunca mais foi o mesmo depois do Departamento e que, na verdade, morreu dos ferimentos causados por sua experiência naquela instituição; que sua vida, de 1938 a 1945, não passou, portanto, de uma *sobrevida*, de um *anticlímax*. Não pretendo avaliar aqui se Paulo Duarte tem razão no sentido "factual", o que seria, em todo caso, empreitada difícil. Mas parece-me que o simples fato de ele expressar-se assim, reforça o argumento aqui desenvolvido, segundo o qual a noção de sacrifício é uma das chaves decisivas da obra/vida em questão. A experiência do Departamento de Cultura representaria assim, para Mário de Andrade, a dramatização existencial do sacrifício, através da qual se expressa a conexão entre obra e vida.

Mas a citada carta a Murilo Miranda apresenta uma noção nova: "arte de ação". Detenhamo-nos um pouco nessa expressão, pois isso nos possibilitará avançar na presente discussão. Mário de Andrade usa a expressão em diversos momentos para se referir ao conteúdo de sua obra. Às vezes usa, com a mesma intenção, as expressões "arte de circunstância" e "arte de combate". Por exemplo, na já citada carta a Hélio Pellegrino:

> De forma que a beleza nessas artes "de circunstância" e "de combate" não é a Beleza, mas aparências de beleza que não servem pra levar ao êxtase estético, mas a uma verdade necessária e útil, ou julgada tal, ou imposta como tal. [...] Ah, Hélio, eu falo dessa "arte" com uma enorme ternura e uma forte melancolia. Ninguém poderia ter mais melancolia nem mais ternura: o que sou todo eu senão isso!

Julgo ver entre essas três expressões uma gradação, cuja correspondência com fases da vida de nosso autor precisaria ser verificada. "Arte de circunstância" tem uma conotação eminentemente passiva: são as circunstâncias que determinam o que o artista vai fazer: "Não havia folclore musical brasileiro. Fiz folclore musical brasileiro. Não havia crítica de arte em S. Paulo, e a pouca brasileira existente era mais que péssima. Fiz crítica de arte. Não havia um tratado de poética, moderno, adaptável ao tempo. Fiz um [...]"[32]. E assim por diante.

Na "arte de ação", ao contrário, a ênfase recai no sujeito que age: a vontade do artista assume um papel preponderante. Por fim, na "arte de combate", tanto as circunstâncias quanto a atividade do sujeito são mediatizadas pela ideia de conflito, que assume o lugar central. Parece que os três modelos podem ser encontrados indistintamente por toda a trajetória do autor; mas é uma hipótese a ser investigada a divisão desta em três fases sucessivas nas quais cada um dos modelos teria a preponderância, formando a série: arte de circunstância/arte de ação/arte de combate.

Nesses tipos de arte, portanto, o comando está com o motivo social, político ou ideológico, que apenas emprega a arte como intermediária da manifestação dele. Quando Mário de Andrade "suicida" o escritor, o que faz é desvencilhar as circunstâncias, a ação e o combate de seu modo "artístico" de manifestação. No entanto, no caso de nosso autor, não devemos pensar num motivo político em sentido restrito: partidário ou semelhante. Neste ponto será conveniente voltar um pouco atrás e refletir sobre o significado da expressão de cunho gramsciano que usei ao falar, no capítulo 1, do compositor Francisco Manuel da Silva — dito um "organizador da cultura".

---

[32] *Mário de Andrade escreve cartas a Alceu, Meyer e outros*, p. 150.

Poderíamos pensar que todo artista ou intelectual — que, por assim dizer, produz valores ou bens culturais — só por sê-lo é também necessariamente organizador da cultura: o ato de produzir implica, forçosamente, não só a organização do que é produzido, como também a influência organizadora ou desorganizadora do que é produzido sobre outras produções e sobre modos de produzir. Mas convém distinguir um tipo de intelectual que atua *diretamente* sobre as condições em que bens culturais são produzidos. Condições: instituições culturais, sistemas de ensino ou difusão, padrões de linguagem, gosto do público, ideologias estéticas. A tentativa de influir conscientemente sobre esses fatores, eis o que permitiria caracterizar tanto Francisco Manuel da Silva quanto Mário de Andrade como organizadores da cultura.

A distinção feita por Gramsci entre "valor artístico" e "valor cultural" ajudará a esclarecer o assunto. O pensador italiano menciona essa distinção ao falar do livro *Babbit*, uma sátira à classe média norte-americana publicada pelo escritor Sinclair Lewis em 1922, que teria "mais importância cultural do que artística: a crítica de costumes prevalece sobre a arte"[33]. Gramsci também usa essa distinção em seus comentários sobre o dramaturgo italiano Luigi Pirandello: "A importância de Pirandello parece-me ser de caráter intelectual e moral, isto é, cultural mais do que artística. [...] No quadro geral da literatura contemporânea, a eficácia de Pirandello foi maior como 'inovador' do clima intelectual do que como criador de obras artísticas"[34].

O valor cultural, portanto, estaria ligado ao que Gramsci

---

[33] Gramsci, *Literatura e vida nacional*, pp. 52-8.

[34] *Idem, Maquiavel, a política e o Estado moderno*, p. 424.

chama de problema "intelectual e moral": à inovação do clima intelectual, à crítica de costumes. O valor artístico, por sua vez, estaria ligado aos problemas intrínsecos da obra de arte, tanto que, na mesma passagem sobre Pirandello, Gramsci usa indiferentemente as expressões "valor poético" e "valor estético" no lugar daquela.

Tal distinção não levaria ainda, necessariamente, a um conflito radical entre as atividades de organização (cultural) e as de produção (artística). No entanto, a concepção de sacrifício em Mário de Andrade, aqui discutida, apoia-se precisamente nesse conflito. Sua aspiração de ser um criador de obras de arte não convive harmoniosamente com seu papel de vivificador do ambiente cultural, mas, diante das exigências deste último, é obrigada a ceder completamente o terreno.

O que quero dizer com essa digressão sobre as noções de "arte de ação" e de "organização da cultura" é que o "suicídio" de Mário de Andrade, como escritor, não tem como decorrência o surgimento de, digamos, um militante político, mas sim o de um organizador da cultura, no sentido especificado. Dá-se a transição da arte de ação à ação cultural: o funcionário, que nascia inocente, ia "se embebedar de ações, de iniciativas, de trabalhos objetivos, de luta pela cultura"[35]. Transformação curiosa: a cultura, ou a arte, de meio que era para a realização de outros fins, passa a ser o verdadeiro fim, em relação ao qual as ações e os combates agora não passam de meios. Existe assim relativa continuidade entre o escritor e o funcionário apesar de toda a insolubilidade com que a questão é apresentada nos textos examinados[36].

---

[35] *Cartas a Murilo Miranda*, p. 39.

[36] Lembro que Chico Buarque tem uma canção, "Ela é Dançarina" (no disco

E é essa continuidade que faz ver a importância do estudo do Departamento de Cultura para a compreensão global do autor. Pois o período de Mário de Andrade como diretor do departamento não deve, como venho argumentando, ser encarado como um corte, mas como a culminação, em certo sentido necessária, de uma trajetória. Sua vocação de organizador da cultura — manifestada em maior ou menor grau pelo menos desde 1922 — encontra realização plena entre 1935 e 1938, datas que delimitam o citado período. Essa vocação, porém, é frustrada por uma série de circunstâncias históricas que serão abordadas resumidamente no próximo capítulo. Parece residir aí a chave da amargura e da melancolia, bem como da radicalização política, que dominam o autor nos últimos anos: ele, intelectual cheio de vontade de trabalhar pela coisa pública, querendo construir uma nação, querendo se sentir ligado ao seringueiro do Acre, querendo (para retomar ainda Gramsci) ser o cimento do bloco histórico... e incapaz disso porque os "donos da vida" não deixam, expulsam-no do Departamento de Cultura, esterilizam-no. Ele não pode ser "fecundo" como Francisco Manuel foi, não porque lhe falte disposição para o sacrifício propiciatório, mas porque os imperadores de então tiram-lhe os meios de sê-lo, ou ao menos os únicos meios que lhe pareciam eficazes.

Almanaque, de 1982), que manifesta o mesmo antagonismo que estamos discutindo em Mário de Andrade: "O nosso amor é tão bom/O horário é que nunca combina/Eu sou funcionário/Ela é dançarina/...Quando abro o guichê/É quando ela abaixa a cortina/...Quando caio morto/Ela empina..." A reconciliação entre funcionário e dançarina (encarados aqui como aspectos da mesma pessoa) é sonhada como uma espécie de utopia: "No ano dois mil e um/Se juntar algum/Eu peço uma licença/E a dançarina enfim/Já me jurou/Que faz o show/Pra mim".

Concluirei este capítulo citando um texto que, partindo de questões bastante diversas, chega a enfoques semelhantes sobre assuntos aqui tratados, possibilitando pensar na hipótese de que tais enfoques sejam pertinentes, de certa forma, a uma parte significativa da intelectualidade brasileira. Trata-se de um trabalho de Florestan Fernandes sobre a situação das ciências sociais nos países da América Latina. Segundo o sociólogo paulista, nesses países a carreira individual de cada cientista social "é secundária na situação global. Em primeiro plano vem a necessidade de dar caráter institucional à pesquisa, de diferenciá-la e expandi-la, o que pressupõe que as ambições pessoais têm de passar para o segundo plano"[37]. Isso porque aqueles cientistas precisam "criar ou expandir para si mesmos as condições de trabalho indispensáveis", "forjando assim os suportes institucionais da ciência, da tecnologia científica e da educação fundada em ambas", assim como os "alicerces para a edificação e o crescimento gradativo das instituições que estão implantando a ciência e a tecnologia científica, definitivamente, no padrão de civilização que se acha em desenvolvimento em nossos países"[38]. Esclarece adiante Florestan Fernandes que os cientistas sociais "deverão empenhar-se [nessa] 'luta' [...] segundo uma estratégia que *sacrifique* cada vez menos sua contribuição positiva ao desenvolvimento propriamente dito das ciências sociais"[39] (grifo meu).

Há pontos de contato entre essas afirmações e aspectos da obra de Mário de Andrade que vínhamos abordando. Em primeiro lugar, há a ideia de que é necessário, em alguma

---

[37] Fernandes, *A sociologia numa era de revolução social*, p. 171.
[38] *Ibidem*, pp. 167-70.
[39] *Ibidem*, p. 199.

medida, sacrificar ambições pessoais em prol de metas coletivas e institucionais. Em seguida, constata-se, ao definir essas metas, o aparecimento da metáfora *solidez*: devem-se "forjar suportes", criar "alicerces para edificação" etc. Além disso, há o entendimento de que essas questões fazem parte da implantação de certo "padrão de civilização" em nossos países: ou seja, também aqui está em jogo nosso cosmopolitismo situado.

Deve-se, no entanto, ressaltar que na argumentação de Florestan Fernandes o conflito entre "produção" e "organização" — no caso, das ciências sociais — é muito menos radical. Pois, no fim das contas, está se tratando é de "criar para si mesmos as condições de trabalho indispensáveis". Penso que tal visão indica a via para uma explicação sociológica da "síndrome do sacrifício". Esta expressaria a consciência, por parte de intelectuais, do baixo nível de integração das modalidades de ciência e cultura de que são agentes e portadores à realidade social do país. Privilegiar as metas organizativas seria, então, em última análise, questão de sobrevivência: único modo de incrementar aquele nível de integração, tornando os intelectuais mais necessários, mais valorizados socialmente; tornando-os, *em consequência*, cada vez menos "sacrificados" e, enfim, capazes de realizar, sem tantos percalços, também seu lado "virginal e antissocial".

Capítulo III

O Departamento de Cultura

BIBLIOTECA CIRCULANTE
DEPARTAMENTO DE CULTURA

Na página anterior: Ônibus Biblioteca. Foto de Benedito Junqueira Duarte, 1937, Acervo Fotográfico do Museu da Cidade de São Paulo.

Quando digo Departamento de Cultura, quero dizer Mário de Andrade.
Luís Saia em entrevista ao *Jornal do Commercio*, Recife, 1938

Os modernistas no poder

São Paulo sempre foi produtor máximo
de todos os algodões da nacionalidade.
Mário de Andrade em carta a Paulo Duarte, 1937

Paulo Duarte atribui a ideia do que viria a ser o Departamento de Cultura do Município de São Paulo às conversas de um grupo de amigos que costumava se reunir em seu apartamento na avenida São João entre 1926 e 1931[1]. Cita entre os integrantes desse grupo, além de Mário de Andrade, Tácito de Almeida, Sérgio Milliet, Antônio Carlos Couto de Barros e Rubens Borba de Moraes, todos veteranos batalhadores dos tempos heroicos do modernismo. Daí seria extraída a cúpula da instituição: Mário de Andrade, diretor, acumulava ainda a Chefia da Divisão de Expansão Cultural; a Divisão de Bibliotecas era chefiada por Rubens Borba de Moraes; a Divisão de Documentação Histórica e Social, por Sérgio Milliet. Quanto às duas outras divisões — previstas pelo Ato 1.146, de 1936, que estruturou o departamento —, a de Educação e Recreio era chefiada por Nicanor de Miranda; e a de Turismo e Divertimentos Públicos nunca chegou a ter existência efetiva. Como se vê, o primeiro escalão do Departamento de Cultura era amplamente dominado

---

1 Duarte, *Mário de Andrade por ele mesmo*, p. 49.

por figuras cuja vida pública se iniciou na famosa Semana de 1922.

No entanto, essas figuras não eram mais os escandalosos escritores vaiados no Teatro Municipal e chamados de loucos pela imprensa paulista em coro. Muita coisa mudara com os modernistas nos treze anos que separam 1922 de 1935. Alguns estudiosos do movimento observaram essas mudanças. Antonio Candido, por exemplo, aludindo a Max Weber, fala da "rotinização do Modernismo" que teria ocorrido entre as décadas de 1920 e 1930. As reivindicações e os postulados de um grupo minoritário teriam se transformado aos poucos em padrões de comportamento universalmente aceitos, fato que o crítico paulista exemplifica sugestivamente citando a inclusão de um trecho de *Macunaíma* numa antologia escolar em 1933[2]. João Luís Lafetá aborda outra faceta da mudança do modernismo entre as duas décadas: a substituição de um "projeto estético" por um "projeto ideológico". No primeiro momento, o principal objetivo seria a renovação das linguagens artísticas, enquanto no segundo predominaria a consciência das funções e conexões sociais do intelectual e do artista[3]. Por fim, Eduardo Jardim faz remontar a 1924 o momento de ruptura. Até então, Mário de Andrade e seus amigos estariam preocupados em atualizar as manifestações artísticas brasileiras, alçando-as a um novo patamar definido por parâmetros internacionais. Depois dessa data, passariam a ver na mediação da "brasilidade", ou de um conhecimento mais íntimo da realidade nacional, a única

---

2 Veja-se o "Prefácio" de Antonio Candido a Duarte, *Mário de Andrade por ele mesmo*.

3 Lafetá, "Estética e ideologia: o modernismo em 1930" em *Argumento*.

via capaz de garantir o acesso do país ao "concerto das nações cultas"[4].

Essas três abordagens dão uma panorâmica da trajetória percorrida pelos modernistas até serem chamados à direção do Departamento de Cultura. Podemos, assim, vê-los substituindo a pose de jovens iconoclastas pela de intelectuais consagrados, inserindo-se com mais definição nas lutas sociais e trocando os salões literários pelas repartições públicas. É possível ilustrar essa trajetória através de uma comparação entre duas revistas que, por assim dizer, materializam as etapas em questão: *Klaxon*, que apareceu logo em seguida à Semana de Arte Moderna e foi, de certa forma, o órgão oficial do movimento e a *Revista do Arquivo Municipal*, órgão oficial do Departamento de Cultura.

São duas revistas mensais, que se podem ligar logo de saída pelo papel de destaque exercido em ambas por Mário de Andrade e Sérgio Milliet — assíduos colaboradores da primeira, eles foram respectivamente diretor e secretário da segunda entre 1935 e 1938. Mas aí param as coincidências. *Klaxon*, já no nome, que quer dizer "buzina" (de automóvel), anunciava a intenção de fazer barulho. A feição gráfica, a começar pela capa cortada de alto a baixo por um enorme "A", era de um arrojo alheio às convenções gráficas então predominantes. Quanto ao conteúdo, a literatura era soberana: poesia principalmente, mas também ficção, crítica, polêmica. A colaboração estrangeira era significativa: a revista tinha representantes na Bélgica, na França e na Suíça. Acentuando esse cosmopolitismo francófono, autores brasileiros às vezes publicavam ali trabalhos em francês, como é o caso de Milliet (que, entre idas e vindas à

---

4 Jardim, *A brasilidade modernista: sua dimensão filosófica*.

Europa, então se assinava "Serge") e de Manuel Bandeira. Tudo acontecia num clima de muita irreverência, muito humor e da alegre irresponsabilidade evocada criticamente por Mário de Andrade em sua conferência de 1942 sobre "O movimento modernista"[5]. De acordo com o depoimento de Rubens Borba de Moraes, a revista morreu — fazendo jus ao referido clima — quando simplesmente "já não nos divertia mais"[6].

A *Revista do Arquivo*, ao contrário, era de uma austeridade que começava também no próprio nome, a indicar secamente sua vinculação institucional: era a revista do Arquivo Municipal, e pronto. Uma publicação oficial, portanto, ao contrário de *Klaxon*, sustentada pelos bolsos de seus colaboradores. Ensaios e estudos, principalmente sobre problemas brasileiros, constituíam a maioria das matérias. O francês só tinha vez nos *resumés* postos no final de alguns artigos.

O contraste fica ainda mais nítido quando se pensa na *Revista Nova*, fundada em 1931 por Mário de Andrade, Paulo Prado e Alcântara Machado, representante de um estágio intermediário entre as duas. Esta se propunha, em seu primeiro editorial, a "ser uma espécie de repertório do Brasil", reunindo "tudo quanto se refere a um conhecimento, ainda que sumário desta terra, através da contribuição inédita de ensaístas, historiadores, folcloristas, técnicos, críticos e (está visto) literatos. Numa dosagem imparcial"[7]. A *Revista Nova* estaria, portanto, a meio caminho entre a parcialidade pró-literatura de *Klaxon* e a parcialidade pró-estudos brasi-

---

5 Em *Aspectos da literatura brasileira*, pp. 231-55.

6 Citado por Silva Brito na "Introdução" à edição fac-similar de *Klaxon*.

7 Citado por Lafetá, "Estética e ideologia: o Modernismo em 1930", em *Argumento*.

leiros da *Revista do Arquivo*. Nela ainda há lugar para literatos, um lugar, aliás, tão garantido pelo costume que é quase desnecessário ("está visto") mencionar. Mas combate-se o que seria a hipertrofia da literatura misturando-a democraticamente com outras matérias: folclore, história etc. A antiga rainha incontestes, porém, não se conforma com essa nova condição plebeia: na *Revista do Arquivo*, a literatura vai simplesmente desaparecer. A mediação proposta pela *Revista Nova* não vinga: é como se, na etapa seguinte, a literatura, na base do tudo ou nada, tivesse que ser suprimida por não aceitar outra condição a não ser a "hipertrofia". Essa ideia tem óbvias relações com o tema do "suicídio do escritor", discutido no capítulo anterior.

Mas passemos agora à outra face da moeda. O que acontecera com São Paulo para que seus governantes criassem uma instituição como o Departamento de Cultura e a entregassem à direção de um grupo como o de Mário de Andrade? Acontece que, também na política, tanto estadual como nacional, muita coisa mudara entre 1922 e 1935. É possível rastrear essas mudanças pelo menos a partir de 1926, quando foi fundado na capital paulista o Partido Democrático.

Essa agremiação, de acordo com Joseph Love, foi a primeira ameaça séria ao monopólio do poder estadual exercido pelo Partido Republicano Paulista desde 1891[8]. A alternativa política representada pelo Partido Democrático, contudo, tem sido situada pelos estudiosos como uma dissidência da própria oligarquia. De acordo com Maria Lígia Coelho Prado, autora de uma exaustiva análise da agremiação,

---

[8] Love, *A locomotiva: São Paulo na federação brasileira, 1889-1937*, p. 165.

o partido foi criado por um grupo da classe proprietária, ao qual se aliaram setores ponderáveis da classe média e uma parcela ínfima de trabalhadores. O grupo dirigente, representante da classe dominante, jamais abriu mão da condução das diretrizes fundamentais da agremiação; nesse sentido, o Partido Democrático não foi o porta-voz das classes médias, que tiveram, na agremiação, um lugar subordinado.[9]

Embora o PD fosse a principal força de oposição à República Velha em São Paulo, jamais conseguiu reunir força capaz de fazer face ao PRP, inclusive por causa das constantes fraudes eleitorais cuja denúncia era um de seus temas obrigatórios. Por outro lado, protelava indefinidamente a possibilidade de definir-se por uma ação mais drástica, revolucionária. Assim, a Revolução de 1930 é feita afinal à revelia, ou apesar, da pouca força do PD. São Paulo, estado do presidente Washington Luís, em fim de mandato, e do que iria substituí-lo, Júlio Prestes, aparece como o grande derrotado pelo movimento; e o PD, menos que vitorioso, aparece como uma parte do derrotado.

Após a euforia dos primeiros momentos, quando os "democráticos" ainda se iludem com a perspectiva de uma participação de peso no novo governo, ou ao menos no governo de São Paulo, verifica-se progressiva desilusão e consequente afastamento deles em relação ao Governo Provisório que se instituiu, com Getúlio Vargas à frente. Tal fato coincide, na interpretação de Angela Maria de Castro Gomes, com o período de maior influência dos "tenentes" sobre Vargas: setor mais radical da revolução, tanto por suas

---

[9] Prado, *A democracia ilustrada: o Partido Democrático em São Paulo, 1926-1934*, p. 175.

posições políticas centralizadoras, quanto por suas ideias econômicas reformistas, os tenentes eram muito hostis à liderança do PD[10].

O referido afastamento culminou na guerra civil de 1932, a chamada "Revolução Constitucionalista", que opôs o estado de São Paulo ao Governo Provisório comandando por Vargas. A derrota de São Paulo, porém, não foi mais que uma solução temporária. A luta lograra unir, de modo efetivo e em escala social bastante ampla, aquele que já despontava como o estado economicamente mais importante da Federação. Pretender controlá-lo pela força implicava, portanto, alto grau de tensão. O problema de São Paulo teria mais cedo ou mais tarde que ser tratado politicamente pelo Governo Provisório; expressão evidente desse fato foi a aceitação, um ano após o fim da guerra civil, de uma Assembleia Constituinte, cuja ausência fora o motivo declarado da sublevação.

Por outro lado, Getúlio vinha se afastando do radicalismo tenentista e tendendo a maiores conciliações com a oligarquia. Assim, em 1933 é selado um compromisso que duraria até o Estado Novo, com a nomeação, por Getúlio Vargas, de Armando de Sales Oliveira, membro do PD, como interventor no estado. É nesse quadro que o partido resolve se autodissolver para dar lugar a uma nova agremiação, que vai absorvê-lo junto com setores do PRP e com outras lideranças isoladas: o Partido Constitucionalista, que teve o novo interventor como principal articulador e líder máximo.

Engenheiro por formação, jornalista por circunstâncias familiares (casou-se com a filha de Júlio de Mesquita,

---

10 Gomes *et al.*, "Revolução e restauração: a experiência paulista no período da constitucionalização", em *Regionalismo e centralização política*, pp. 239 ss.

editor do jornal *O Estado de S. Paulo*), Armando de Sales Oliveira combinava, na descrição de Joseph Love, "indiscutida adesão aos princípios do liberalismo clássico com a crença igualmente forte na tecnocracia"[11]. Em 1931, ainda de acordo com Love, fundou o Instituto de Organização Racional do Trabalho (Idort), "baseado numa versão modernizada da administração científica inaugurada por F. W. Taylor". Em 1934, Sales Oliveira torna-se governador constitucional de São Paulo através de eleição indireta da Câmara de Deputados estadual. Em setembro de 1934, nomeia o industrial Fábio da Silva Prado como prefeito da capital. Sobre Fábio Prado, que viria a criar o Departamento Municipal de Cultura e a nomear Mário de Andrade seu diretor, diria Paulo Duarte em meio a outros elogios: "Nunca vi homem de negócio nem homem rico mais acessível às coisas inteligentes"[12].

Eis, em linhas gerais, o trajeto da corrente política sob a égide da qual a experiência do Departamento de Cultura se tornou possível. Passemos agora a examinar o papel exercido no pensamento político dessa corrente pela questão da cultura. Cabe desde logo mencionar que o departamento não foi a única iniciativa de caráter cultural levada a cabo no período que vai da eleição de Armando de Sales Oliveira até o golpe getulista do Estado Novo, no final de 1937. Ao contrário, nesse mesmo período foram criadas a Universidade de São Paulo, com o apoio da Missão Universitária Francesa, e a Escola Livre de Sociologia e Política, que trouxe professores norte-americanos. Ao que tudo indica, para os líderes do Partido Constitucionalista a questão cul-

---

11 Love, *A locomotiva: São Paulo na federação brasileira, 1889-1937*, p. 238.

12 Duarte, *Mário de Andrade por ele mesmo*, p. 51.

tural e educacional esteve intimamente ligada à possibilidade de resgatar o papel hegemônico de São Paulo dentro da Federação. Essa ligação é bem ilustrada por um discurso proferido por Júlio de Mesquita Filho como paraninfo da primeira turma de licenciados pela Faculdade de Filosofia, Ciências e Letras da USP[13].

Mesquita começa afirmando que "se a nenhum país desejoso de conservar o seu lugar no planeta é dado descurar da sua preparação cultural, essa obrigação se impõe de um modo bem mais premente e imperativo no Brasil". Essa premência deve-se à nossa complexidade geográfica ("nosso território parece desafiar o poder de adaptação do mais aparelhado dos povos") e social ("nação alguma apresenta dentro dos próprios limites complexidade social que se lhe compare"). "Pois bem, senhores" — pergunta então — "para se haver com essa trama quase inextrincável de terríveis problemas, com que conta o brasileiro?" A indagação, aqui, significa: com que tipo de elite dirigente tem contado o Brasil para encaminhar a solução daqueles problemas? A resposta: com homens "saídos das Escolas de Direito, de Engenharia e de Medicina", essa "escassa trilogia em que até aqui se resumiu todo o nosso chamado ensino superior". E Mesquita segue fazendo uma crítica feroz do ensino brasileiro, acusado de "alarmante indiferentismo [...] em face do movimento geral de renovação que atravessa neste instante o pensamento mundial". Indiferentismo tanto mais alarmante quando se lembra, prossegue Mesquita, que o escritor francês Ernest Renan proclamou "há mais de quarenta anos" que "o problema de governo das sociedades se tornava cada vez mais um

---

13 Publicado na *Revista do Arquivo Municipal*, v. XXXII, fev. 1937, pp. 108-18.

problema científico, cuja solução demandava o emprego das mais raras faculdades de espírito, e que a guerra, a indústria, o desenvolvimento econômico [...] se tornavam agora ciências complicadas".

O orador recomenda essas palavras à meditação dos que julgam "ser primeiro necessário o desenvolvimento econômico para em seguida pensar-se no desenvolvimento cultural", pois suas ponderações, somadas a "quatro anos de estreito contato com os meios em que se moviam as figuras proeminentes de ambas as facções em luta", levaram-no "à convicção de que o problema brasileiro era, antes de mais nada, um problema de cultura". A fundação da USP teria origem nessa convicção. Ela viria "dotar o país de um cérebro poderoso e coordenador que, a coberto da transitoriedade dos governos, pudesse gerar o sentimento, a vontade, a organização e a disciplina intelectual a que os povos verdadeiramente fortes devem as suas melhores vitórias".

A USP reveste-se assim, aos olhos de seus fundadores, de clara função nacional. Isto é ainda mais evidente na seção seguinte do discurso, em que é feita uma comparação, recorrente, como veremos, em textos da época, entre os paulistas de meados do século XX e os bandeirantes dos séculos XVI e XVII: "Ao paulista de hoje o destino cometeu uma única tarefa: a de completar a obra iniciada pelo paulista no ciclo da penetração. Porque, senhores, o Brasil nada mais é do que um problema posto pelas bandeiras: e nós, os paulistas de hoje e de amanhã o resolveremos, ou teremos irremediavelmente falido ante nossos antepassados".

O pensamento de Júlio de Mesquita aqui não se confunde com as já então antigas perorações acerca da educação do povo como grande problema nacional (como, por exemplo, em Miguel Couto[14]). Ao contrário, sua crítica se dirige à elite, ao grupo dirigente. O governo se tornou um problema científico; cada uma de suas tarefas exige o concurso de "ciências complicadas"; diante disso, a tarefa prioritária é dotar esse corpo burro de um cérebro (como acontecia com o personagem do espantalho no filme *O mágico de Oz*), um cérebro que não mude a cada eleição, que não dependa de contingências político-eleitorais[15]. Esse cérebro deverá estar localizado, é claro, em São Paulo. Note-se como a ideia representa uma mudança em relação à imagem tradicional do estado: de "locomotiva" — que está à frente de todos os vagões mas é antes de tudo força bruta, cega e mecânica — ele é promovido a "cabeça", sede do cérebro, que não tem força nenhuma mas é afinal quem manda.

Na mesma linha se pronuncia o vereador Antônio Vicente de Azevedo em discurso de 1936:

> Alargar os horizontes do saber é demonstrar que em nossas
> veias ainda corre sangue de bandeirantes [...]. Porque, se a
> par de instrução das massas na tábua rasa da cartilha, não se

---

14 Que escreveu, na década de 1920, um livro de título longo e significativo: *No Brasil só há um problema nacional: a educação do povo*. A respeito, veja-se Nagle, "A educação na Primeira República", em Fausto, *O Brasil republicano*, p. 263.

15 Essa alusão a *O mágico de Oz* lembra que também Mário de Andrade quer dotar o Brasil de uma qualidade que lhe faltaria: um caráter. A ideia de caráter condensa, junto com a inteligência, as virtudes procuradas pelos dois outros personagens daquela história (mesmo não sendo idêntica a qualquer delas): a coragem (o Leão) e o coração (o Homem de Lata). A comparação entre buscar um cérebro (Mesquita) e buscar um caráter (Mário de Andrade) para o Brasil ilustra bem a diferença de amplitude entre as visões de ambos. A palavra escolhida pelo segundo se refere à constituição íntima da sociedade, a um atributo do povo no sentido vertical, por assim dizer, de alto a baixo. A palavra escolhida pelo primeiro dissocia a cabeça, do corpo; a inteligência, da coragem e do coração; e — digamo-lo com Gramsci — o grupo dirigente, do povo-nação.

proporcionarem aos mais aptos e aos mais dotados os meios de se aperfeiçoarem, faltará para o futuro uma elite de homens capazes de assumir a posição de guias nacionais, em todos os ramos da atividade humana. Foi com este objetivo que o Governo do Estado fundou a Universidade. É este o objetivo do Departamento de Cultura da Municipalidade de São Paulo.[16]

Impossível ser mais claro. A "cultura" ocupava um lugar importante na estratégia política dos liberais paulistas entre 1934 e 1937; assim, se compreende que fizesse parte dessa estratégia a incorporação de intelectuais como Mário de Andrade e seus amigos. Não proponho, entretanto, entender tal incorporação como mera utilização, maquiavélica e unilateral; ela deve ser pensada, em vez disso, como relação problemática e cheia de ambiguidades, na qual ambas as partes auferem certas vantagens e fazem certas concessões.

Antonio Candido aborda a questão, ao falar, na introdução que escreveu para o livro de Paulo Duarte, da aproximação entre setores do movimento modernista e o Partido Democrático. Tratar-se-ia da

> formação, dentro ou na periferia do Partido Democrático, de uma espécie de esquerda moderada, que se manifestou sobretudo como arrojada vanguarda cultural. Enquanto no campo propriamente político seguiam mais ou menos, ou de todo não seguiam, as normas do Partido Democrático e suas encarnações posteriores, no campo cultural manifestavam atitudes mais avançadas.[17]

---

16 Azevedo, "Pela cultura", *Revista do Arquivo Municipal*, v. XXVIII, out. 1936, p. 305.

17 No "Prefácio" a Duarte, *Mário de Andrade por ele mesmo*, p. XVI. O próprio Mário de Andrade mantinha dois laços pessoais importantes com o grupo do Partido Democrático. O primeiro, familiar: seu irmão Carlos de Morais

E segue o crítico paulista:

> Segundo Lévi-Strauss, em *Tristes tropiques*, a oligarquia estava criando uma cultura ornamental para reforçar o seu brilho e formar quadros ajustados a seus propósitos. Mas (diz Lévi--Strauss) o que fez foi promover o recrutamento de jovens das camadas médias, que mais tarde iriam desenvolver, para sua decepção magoada, não a justificação, mas a crítica dos fundamentos do seu poder.[18]

De fato, é isso que diz o antropólogo francês no primeiro capítulo do citado livro. Porém, no capítulo XI, que é dedicado a São Paulo, delineia-se interpretação um pouco diferente:

> Neste Brasil [...] a cultura tinha sido, até uma época recente, um brinquedo para ricos. E foi devido ao fato de precisar de uma opinião pública civil e laica, para contrapor-se à influência tradicional do Exército e da Igreja, assim como ao poder individual, que, ao criar a Universidade de São Paulo, a oligarquia resolveu abrir as portas da cultura a uma clientela mais ampla.[19]

Desenha-se então uma alternativa: considerar o Departamento de Cultura como "cultura ornamental/brinquedo para ricos", que consegue, graças à sua aparente inofensividade, realizar um trabalho voltado, afinal, contra seus desprevenidos

---

Andrade era ativo membro do Partido, tendo sido, por este, eleito deputado federal da Assembleia Constituinte, em 1933. O segundo, profissional: foi colaborador de primeira hora do Diário Nacional, órgão oficial do PD, criado em 1927, onde, aliás, também trabalhavam Milliet, Couto de Barros e Paulo Duarte.

18 *Ibidem*.

19 Lévi-Strauss, *Tristes tropiques*, p. 113 (tradução minha).

patrocinadores; ou considerá-lo como resposta a uma necessidade efetiva destes — isto é, do setor da classe dominante que se reunia no Partido Constitucionalista. Quando Lévi--Strauss diz que a oligarquia paulista precisava, para viabilizar seu projeto, criar uma "opinião pública civil e laica" que representasse alternativa "à influência tradicional do Exército e da Igreja", parece que depõe em favor do segundo ponto de vista. Pois o Departamento estava precisamente situado no nó da questão: era um dos principais instrumentos para a constituição daquela "opinião pública civil e laica" em escala social e politicamente significativa. Isso não invalida a afirmação de Candido segundo a qual a instituição tinha uma perspectiva crítica em relação à situação vigente, mas creio que esse aspecto crítico deve ser entendido na moldura proposta pelo seguinte trecho de Gramsci:

> Constitui fato cultural muito importante a existência, na América, de uma corrente literária que começa a partir da crítica de costumes; isto significa que a autocrítica se amplia, que nasce de uma nova civilização americana consciente das suas forças e fraquezas; os intelectuais afastam-se da classe dominante para unirem-se a ela mais intimamente, para constituírem uma verdadeira superestrutura, e não apenas serem um elemento inorgânico e indistinto da estrutura-corporação.[20]

Sendo assim, levando-se em conta que a atividade do Departamento de Cultura começou a definhar em novembro de 1937, para o que não deixou de contribuir a vacilação do Partido Constitucionalista em sustentar um projeto democrático de modo consistente, é possível inverter a alusão de

---

[20] Gramsci, *Maquiavel, a política e o Estado moderno*, p. 424.

Candido à decepção: é a classe dominante que causa uma decepção ao grupo do Departamento de Cultura, ao optar no fim das contas por um projeto corporativo e paternalista, que devolve os intelectuais à condição de "elemento inorgânico e indistinto"[21].

Uma cidade ao microscópio

Estudando a coleção da *Revista do Arquivo Municipal*, chamou-me a atenção a coincidência entre algumas iniciativas do Departamento de Cultura ali relatadas e as descrições feitas por Michel Foucault acerca dos processos de "disciplinarização da sociedade" e "governamentalização do Estado" na Europa dos séculos XVIII e XIX. Por isso, antes de entrar propriamente no assunto do presente tópico, farei uma breve exposição desses conceitos, com o fim de esclarecer a utilização que deles será feita nas próximas páginas.

Em primeiro lugar, a questão da "Disciplina", título e assunto da terceira parte de *Vigiar e punir*[22]. A disciplina

---

[21] Já virou lugar-comum entre estudiosos de nossa história política a constatação da persistente inconsequência do liberalismo no Brasil. No caso do Partido Constitucionalista, Plínio de Abreu Ramos mostra como seus representantes estiveram envolvidos na escalada da legislação repressiva que precedeu e preparou o Estado Novo (*Os partidos paulistas e o Estado Novo*, capítulos XII e XIII). O discurso de Armando de Sales, que será citado adiante, também testemunha eloquentemente sobre o quanto seu grupo estava longe da afirmação resoluta de um projeto hegemônico alternativo e abraçava uma a uma as bandeiras da maré montante corporativista: repressão à liderança operária, legislação social outorgada, ideia de nação como organismo solidário. Os constitucionalistas, na vã esperança de salvar as eleições presidenciais de 1938, depositaram seu destino nas mãos das Forças Armadas; o trágico, do ponto de vista deles, é que com isso criaram todas as condições para o golpe e sua consequente morte política.

[22] Foucault, *Vigiar e punir*, pp. 125-99.

para Foucault é antes de tudo um conjunto de técnicas de poder, cuja origem é bastante antiga, mas que a partir do século XVIII passou a ter vigência mais ampla. O filósofo francês propõe, como diagrama do mecanismo disciplinar, o Panóptico idealizado por Jeremy Bentham[23]. Trata-se de uma construção em forma de anel que é seccionada transversalmente em n células individuais. Há janelas na face externa do anel, deixando a luz entrar, e também há janelas na face interna, de modo a permitir que um vigia, situado no centro do Panóptico, veja permanentemente tudo que acontece com os habitantes das células. Foucault quer mostrar que com a difusão desse modelo se dá uma inversão. Até meados do século XVIII, o poder se apoiava na visibilidade dos governantes: na praça pública a força do rei era exibida ostensivamente através de manifestações grandiosas como a punição exemplar dos insubordinados etc. Estes eram drasticamente separados dos súditos leais e excluídos para uma região escura, escondida: as masmorras e os cemitérios onde prisioneiros ou cadáveres eram amontoados de modo coletivo e indiferenciado, formando, num ou noutro caso, um todo que era negado, suprimido. O rei, ao contrário, era visto, afirmado; sua riqueza, sua força e suas armas deviam estar sempre que possível ao alcance da vista dos súditos.

Em contraste com tudo isso, o Panóptico retira a ênfase do centro do poder, pondo em evidência a individualidade dos refratários a este. Tanto é assim que, a rigor, a própria presença do vigia no centro do anel é dispensável, já que não se pode, das celas, saber a cada momento se ele se encontra ou não na torre de observação.

---

[23] *Ibidem*, pp. 173 ss.

Importa notar que, dessa figura do Panóptico, Foucault extrai a noção do "olhar" como algo mais amplo; já não se trata do olhar direto sobre o corpo de cada prisioneiro, ou cada doente, ou cada aluno, mas do olhar sobre o registro individualizado que deles se faz continuamente através de boletins, exames, medições etc. Esse registro circula numa pirâmide hierárquica e reproduz em cada nível o mesmo diagrama de olhares: os diretores de cada hospital ou prisão são controlados em certa extensão territorial (digamos, o município) por alguém que terá de prestar contas a um superintendente estadual, e assim por diante. As disciplinas "organizam-se como um poder múltiplo, automático e anônimo". Poder que trabalha não no sentido de excluir os insubordinados, mas de incluir sob sua vigilância o maior número possível de indivíduos.

Percebe-se, assim, que o modelo do mecanismo disciplinar, que fazia referência, originalmente, a instituições fechadas (penitenciárias etc.)[24] e à "microfísica do poder" (que diz respeito aos corpos), passa a aplicar-se à sociedade como um todo (concebida como uma espécie de "metapanóptico") e a uma problemática "macro" (que diz respeito à população).

De fato, a reflexão de Foucault, a partir do primeiro volume da *História da sexualidade*, procura dar conta dessa ampliação, através de conceitos como os de biopoder e governamentalidade[25].

---

[24] "Instituições totais", como quer Goffman (1974, pp. 13-108). As análises do sociólogo americano, porém, não acompanham Foucault na passagem ao enfoque "macro" que examinaremos a seguir e que interessará mais de perto a este trabalho.

[25] Foucault, "Direito de morte e poder sobre a vida", em *A vontade de saber*; e "A governamentalidade", em *Microfísica do poder*, p. 277.

O conceito de biopoder está ligado à conjuntura histórica do final do século XVIII, quando "a proliferação, os nascimentos e a mortalidade, o nível de saúde, a duração da vida, a longevidade, com todas as condições que podem fazê-los variar [passam a ser objeto de] toda uma série de intervenções e controles reguladores"[26]. Tal conjuntura é a do surgimento da "população" — com suas necessidades, sua composição, sua distribuição no espaço etc. — como objeto por excelência da gestão política, a exigir novos instrumentos técnico-científicos que permitam auscultá-la, prevê-la, lidar com ela de modo a controlar seus efeitos. Tais instrumentos serão encontrados nas ciências sociais de base estatística, que Foucault considera "o principal fator técnico, ou um dos principais fatores técnicos"[27] do deslanche do processo de governamentalização do Estado.

Tal processo consiste essencialmente na passagem de "povo" a "população": o conjunto de pessoas que constitui uma nação deixa de ser encarado como sujeito da soberania e passa a ser encarado como objeto das técnicas de governo. "A passagem de uma arte de governo para uma ciência política, de um regime dominado pela estrutura da soberania para um regime dominado pelas técnicas de governo, ocorre no século XVIII em torno da população."[28]

Para Foucault, o nível "micro" das disciplinas e o nível "macro" da governamentalidade se reforçam mutuamente. Se é a estatística, com sua ampla mirada, que traz à luz a população em suas regularidades próprias — "as grandes

---

26 Idem, *A vontade de saber*, p. 131.
27 Idem, *Microfísica do poder*, p. 288.
28 *Ibidem*, p. 268.

epidemias, a mortalidade endêmica, a espiral do trabalho e da riqueza etc."[29] —, por outro lado, para que todos esses dados e fenômenos sejam convenientemente coligidos e totalizados, os sistemas de registro e anotação próprios dos mecanismos disciplinares precisam mais do que nunca ser postos em ação.

Parece que em São Paulo, entre 1935 e 1937, o Departamento de Cultura foi parte importante de uma tentativa de fazer avançar o processo de disciplinarização da sociedade e de governamentalização do Estado no Brasil. Tal processo, evidentemente, não começou nem terminou na referida instituição, mas teria aí um momento de pique, de aceleração. O fato de que Mário de Andrade esteja associado a esse momento a nosso ver reforça a hipótese que traçamos no primeiro capítulo: a de que o autor de *Macunaíma* era adepto de um tipo de nacionalismo que não implicava o isolamento em relação ao mundo contemporâneo, mas, ao contrário, a defesa da integração dialógica do país nesse mundo, no que sugiro chamar de *cosmopolitismo situado*.

Em 1935, a Escola Livre de Sociologia e Política de São Paulo enviou um memorial à Câmara de Deputados daquele estado pedindo apoio financeiro do governo. Nesse memorial, publicado na *Revista do Arquivo Municipal*, aprendemos que a escola foi "fundada a 27/5/1933, por um grupo de paulistas desejosos de organizar um instituto de ensino superior que permitisse a formação de uma elite numerosa e disciplinada, sobretudo de administradores e funcionários

---

[29] *Ibidem*, p. 288.

técnicos para o serviço público, capazes de contribuir para o aperfeiçoamento do governo da nossa terra"[30].

Aquele grupo, lê-se mais adiante, era constituído de pessoas "de notória responsabilidade em São Paulo e que gozam de considerável poder político". Entre elas, são citados Armando de Sales Oliveira, o conde Sílvio Álvares Penteado (a Escola de Comércio que leva seu nome cederia as instalações para os cursos), Roberto Simonsen, Antônio de Almeida Prado. São citadas também, como apoiadores financeiros da escola, as seguintes empresas: Cia. Paulista de Estradas de Ferro, Cia. Docas de Santos, Diários Associados, O Estado de São Paulo S/A, A Gazeta, Empresa Folha da Manhã Ltda. e Banco Comercial do Estado de São Paulo.

O memorial, como já se percebeu, procura ressaltar os vínculos da escola com as — como então se dizia — "classes conservadoras" de São Paulo. Tenta demonstrar aos deputados a importância de uma instituição como essa face aos novos problemas e tarefas que se impõem aos governantes:

> É preciso que os Srs. deputados encarem com toda a energia o problema do Governo democrático em nosso meio. Em primeiro lugar, é necessário preparar o eleitorado. [...] De outro lado, é preciso não esquecer que, com a tendência inelutável da época atual para maior intromissão do Estado nos negócios privados (tendência essa que não é provocada por nós, mas que somos forçados a adotar devido a fatores internacionais e interestaduais), os negócios do Estado tornam-se cada vez mais complexos e exigem maiores conhecimentos.[31]

---

30 *Revista do Arquivo Municipal*, v. XIX, jan. 1936, pp. 99-115.
31 *Ibidem*, p. 110.

Definição intrigante: o governo democrático, um "problema" a ser "encarado". Ora, as revoluções de 1930 e de 1932 tinham sido feitas em nome desse mesmo "governo democrático": da ampliação da base eleitoral, da legitimidade das eleições, da Constituição etc. Mas parece que a efetivação, afinal, de um regime de maior participação política inspirava certos cuidados, prometia realidades desagradáveis, das que se preferiria não ver, mas que era preciso "encarar".

Tal situação obriga a um movimento duplo: por um lado, constituir uma massa de eleitores adequada e afeita às regras do jogo[32]. Nesse sentido, trabalhariam as instituições educativas e culturais. Por outro lado, surge a possibilidade de, no bojo de uma maré estatizante, em que a burguesia paulista embarca docemente constrangida, deslocar a ênfase política do problema da soberania para o da governamentalidade. Ganha importância assim a tarefa de "formar os funcionários técnicos, que, pela sua permanência no governo, desempenham um papel cada vez mais preponderante"[33]. Um movimento, portanto, centrífugo e centrípeto: difundir na população certos valores, socializá-la em torno de uma ordem política; simultaneamente, criar um núcleo governamental imune aos ventos partidários, capaz de agir em nome da competência científica e da administração racional.

Este último ponto é acentuado no memorial quando compara o papel da escola com o da recém-criada Faculdade de Filosofia, Ciências e Letras. Na FFCL o ensino seria mais teórico, visando à cultura geral, à formação de professores

---

[32] Segundo Joseph Love (1982, p. 193), o número de eleitores no Estado de São Paulo cresceu entre 1922 e 1936 na seguinte proporção: 1922 — 99.355; 1926 — 125.124; 1936 — 483.000.

[33] *Revista do Arquivo Municipal*, v. XIX, jan. 1936, p. 100.

para o secundário etc., ao passo que a escola visaria uma preparação técnica:

> [nela] o ensino tende mais a preparar o administrador social e a demonstrar as maneiras com que ele pode agir sobre a sociedade para atingir um objetivo visado. É assim que, além da cadeira de Sociologia, existem as cadeiras de "Biologia Social" [cujo titular era André Dreyfus, que exerceu papel de destaque na criação do Departamento de Cultura], "Psicologia Social e Antropologia Cultural", destinadas a ensinar as bases do controle biológico e psíquico das grandes massas humanas. *Já não se trata de estudar a ciência pura, mas sim as bases de uma, por assim dizer, Engenharia Social.*[34]

A noção de que se podia estudar a sociedade cientificamente, e mesmo de que era preciso fazê-lo para geri-la em sua crescente complexidade, exerceu um fascínio especial no período em questão. Tal fascínio talvez explique arroubos como o citado acima. Engendra-se aí uma espécie de antiutopia cientificista: engenheiros sociais exercendo um governo sem política, fundado na eficiência dos "controles biológicos e psíquicos" e na transparência neutra das pesquisas estatísticas[35].

---

34 *Ibidem*, p. 115, grifado no original.

35 Esse cientificismo aparece com frequência nos artigos da *Revista do Arquivo Municipal* através, por exemplo, do apelo constante às ciências naturais. No "Projeto de pesquisa da densidade e distribuição da população da capital de São Paulo" se diz que "o método a empregar-se será o mesmo que há muito vem sendo usado pela biologia, na investigação da vida das plantas e dos animais. Tem ele por objeto a descoberta das condições ambientes, associadas a formas particulares de espécies botânicas e zoológicas e aos modos específicos de comportamento" (*Revista do Arquivo Municipal*, v. XIX, jan. 1936, p. 179). A biologia é chamada a exercer, por analogia, o papel de comprovante de cientificidade. Exemplo especialmente interessante des-

O Departamento de Cultura esteve ligado aos primórdios das ciências sociais no Brasil. A *Revista do Arquivo Municipal*, publicação do Departamento, tornou-se a partir do volume XVII também órgão oficial da Sociedade de Sociologia e do Clube de Etnografia (depois Sociedade de Etnografia e Folclore)[36] — de fato, ela é ao mesmo tempo uma revista de divulgação cultural da prefeitura de São Paulo e uma revista de ciências sociais. Assim, possuía uma seção de "Documentação Histórica", uma de "Documentação Social" e outra chamada de "Arquivo Etnográfico".

Curioso é que a primeira das seções mencionadas se distingue nitidamente dentro da revista, como se se tratasse de um suplemento, de algo à parte: seus artigos são vazados em ortografia diferente, antiquada, cheia de consoantes duplas ("annaes", "apparecem" etc.) e se dedicam a cultuar tradições paulistas, versando sobre genealogias ilustres, homens públicos do passado, localidades de interesse histórico etc. A impressão que dá é que aquele ficou sendo o espaço reservado para os veteranos do Instituto Histórico, o reduto dos quatrocentões. Ao contrário, as duas

---

se procedimento encontra-se no artigo "Conceito moderno de etnologia" (*Revista do Arquivo Municipal*, v. XVIII, nov. 1935) de autoria do prof. Herbert Baldus. "Por que estudamos etnologia? Tal pergunta exige um ponto de vista utilitário. Por que estudamos, por exemplo, zoologia? Estudamos os animais para evitar interferências prejudiciais no conjunto harmônico da natureza resultantes, às vezes, da extinção de uma espécie de animais ou da transplantação dessa espécie de um continente para outro". O interessante nessa tentativa de justificar a etnologia através da zoologia é que, se seguíssemos literalmente a comparação proposta, concluiríamos que se estuda etnologia para evitar dificuldades decorrentes da transplantação de grupos de homens de um continente para outro — e de um desses grupos, percebe-se, o alemão radicado no Brasil Herbert Baldus fazia parte.

36 Sobre a estreita vinculação ao Departamento de Cultura que caracterizou o surgimento e a existência dessas entidades, veja-se Soares, "Introdução" a *Mário de Andrade e a Sociedade de Etnografia e Folclore, 1936-1939*, pp. 7 ss.

outras seções referidas são dominadas por jovens universitários ou técnicos e professores estrangeiros cheios de progressismo positivista, muito mais preocupados com a racionalização do que com a tradição. Essa divisão reflete o que Foucault chama de "troca do eixo político da individualização" — "momento em que o normal tomou o lugar do ancestral, e a medida o lugar do *status*, substituindo assim a individualidade do homem memorável pela do homem calculável, esse momento em que as ciências do homem se tornaram possíveis"[37].

O primeiro curso livre promovido pela Divisão de Expansão Cultural do Departamento de Cultura teve por assunto a etnografia e foi ministrado por Dina Lévi-Strauss. (Voltaremos ao assunto na última seção deste capítulo.) Além disso, a Subdivisão de Documentação Social e Estatísticas Municipais, chefiada pelo engenheiro Bruno Rodolfer, produzia inúmeras pesquisas e relatórios de cunho sociológico que eram publicadas na *Revista do Arquivo Municipal*.

Lá se encontra bastante material sobre a relação que era preconizada entre ciência e governo. Escreve, por exemplo, o próprio Rudolfer: "Na época em que o lema 'arte de governar' é paulatinamente substituído pelo de 'conhecer para governar', nenhum administrador pode dispensar os conhecimentos que a estatística lhe proporciona"[38]. A boa administração exige a produção de um conhecimento apurado sobre as condições, necessidades e características da realidade a que ela concerne. Para essa produção são convocados os instrumentos científicos: "O método esta-

---

[37] Foucault, *Vigiar e punir*, pp. 171-2.

[38] "Conceito estatístico na formação das áreas administrativas, seus limites e superfícies no município de São Paulo", *Revista do Arquivo Municipal*, v. XXXI, jan. 1937, pp. 107-37.

tístico, principalmente o de conceito ecológico, apresenta os fatos sociais ao cientista e ao administrador. É parte indispensável e básica do estudo e solução dos problemas sociais"[39]. A sociedade é convertida em problema científico, e o governo, em grande cientista coletivo que, conhecendo, capacita-se a resolvê-lo. Repare-se na aproximação que se faz entre as ideias de *cientista* e *administrador*. Uma vez que a tarefa de governar se apresenta como a de solucionar problemas, o administrador ideal, ou administrador-limite, passa a ser o cientista. E o cientista ideal terá por função servir à administração, como se depreende da justificativa que abre artigo de Júlio Paternostro: "A apresentação deste estudo é apenas para mostrar que há possibilidade de se iniciar a coleta de dados reais sobre a vida do homem do Brasil, para que os sociólogos possam contribuir eficientemente com suas análises para a orientação dos nossos administradores"[40].

Quando se fala da "possibilidade de se *iniciar*" etc., fica patente a novidade do assunto: encontramos no mesmo texto, de fato, a afirmação de que "a *Revista do Arquivo Municipal* de São Paulo foi que abriu entre nós a divulgação deste gênero de pesquisas"[41]. Paulo Duarte diz o mesmo: "A pesquisa social era coisa inédita entre nós"[42]. Mesmo que esse ineditismo não fosse absoluto, o Departamento de Cultura sem dúvida esteve associado a uma exigência de refinamento dos métodos estatísticos e, consequentemente, dos mecanismos disciplinares de registro e acumulação de informações. Isto

---

[39] *Ibidem*, p. 107.

[40] *Revista do Arquivo Municipal*, v. XXXIX, set. 1937, p. 260.

[41] *Ibidem*, p. 219.

[42] Duarte, *Mário de Andrade por ele mesmo*, p. 93.

se vê de modo especialmente claro na pesquisa de Samuel H. Lowrie, professor norte-americano trazido pela Escola de Sociologia e Política e contratado pelo Departamento de Cultura, "A Assistência Filantrópica da Cidade de São Paulo"[43]. O objetivo dessa pesquisa, como se perceberá, era contribuir para a racionalização do sistema de assistência médica por instituições filantrópicas em São Paulo. O fato de que elas estivessem submetidas a padrões de organização de tipo descontínuo, lacunar, implicava reforço à vadiagem, em sobrecarga de despesa com pessoas que, sob critérios mais rigorosos, não fariam jus a auxílio etc.

> Há vários meios de evitar a admissão, às enfermarias gratuitas, dos amigos ou conhecidos de influência direta ou indireta junto aos dirigentes. O método mais eficiente é o duma investigação adequada das pessoas socorridas. Mesmo que não se investigassem as necessidades de cada pessoa tratada, só o fato de saber que poderiam estar sujeitas a semelhante inquérito levaria muitas das que aceitam os serviços médicos gratuitos a hesitar em fazê-lo. É natural que uma instituição que admite crianças sem sindicar as condições dos pais e parentes, nem verificar se podem ser amparadas sem o auxílio da instituição, facilita, aos que estiverem dispostos, o abandono das crianças [...].[44]

A proposta responde a uma situação em que não havia costume de registro, nem dados acumulados sobre os quais trabalhar. Tratava-se da implantação de um novo padrão de racionalidade no governo e nas instituições da sociedade civil. Lê-se na mesma pesquisa de Samuel Lowrie que

---

43 *Revista do Arquivo Municipal*, v. XXVII, set. 1936, e v. XXVIII, out. 1936.

44 *Revista do Arquivo Municipal*, v. XXVIII, out. 1936, pp. 193-6.

o obstáculo mais sério resultou da falta de dados [...] em algumas
instituições não conhecem os diretores, estatisticamente,
o que vem sendo realizado pelas instituições que dirigem [...]
em outros casos, são os dados estatísticos impropriamente
organizados, vagamente definidos, ou tão incompletos que
prejudicam grandemente o seu valor [...] nenhum registro se
faz das atividades [...] e, por não perceberem seus dirigentes
a necessidade de coligir rigorosamente os dados estatísticos,
muitas instituições, aparentemente bem organizadas, não podem
mostrar os fatos com a exatidão desejável.[45]

E Lowrie conclui seu trabalho com algumas recomendações:

Medidas de melhoria: (algumas delas são mais realizáveis
e práticas que outras, na atmosfera que ora predomina em
São Paulo). Primeiro: a) a necessidade da reorganização da
estatística da assistência em algumas instituições; b) o registro
mais completo, em outras, de suas atividades. Em segundo: uma
investigação completa, abrangendo todas as pessoas socorridas
[...]. Em quinto: que todas as instituições de assistência
voluntariamente combinassem estabelecer e manter um ofício
central de informações confidenciais, ao qual enviassem o
registro de todas as pessoas socorridas, com seus nomes,
endereços, idade e auxílio recebido.[46]

Lowrie diz bem quando diz que o problema é de "atmosfera". Recorrendo a Max Weber, seria possível falar também
da penetração de um "espírito" de racionalização, histo-
ricamente associado ao capitalismo, "espírito" que estava

---

45 *Revista do Arquivo Municipal*, v. XXVII, set. 1936, pp. 202-3.

46 *Revista do Arquivo Municipal*, v. XXVIII, out. 1936, pp. 209-12.

presente em determinada proporção na capital paulista e do qual o autor do artigo e o próprio Departamento de Cultura seriam representantes.

O artigo de Lowrie também faz lembrar o processo descrito por Foucault a propósito das políticas da saúde na Europa do século XVIII:

> [...] a prática das fundações de caridade, que imobilizam somas importantes e cuja renda serve para entreter ociosos que podem, assim, permanecer fora dos circuitos de produção, é criticada pelos economistas e pelos administradores. [...] Uma análise da ociosidade — de suas condições e efeitos — tende a substituir a sacralização um tanto global do 'pobre'[47].

Análise *versus* globalização: eis uma disputa vivida pelos pesquisadores sociais do Departamento de Cultura, que se defrontavam a cada passo com dificuldades provenientes do pioneirismo de suas atividades.

Queixava-se um deles de que

> [os dados existentes] não indicam convenientemente a existência ou localização de colônias estrangeiras. Além de se sobreporem, em parte, as áreas são frequentemente grandes e sempre vagamente definidas, e devendo cada área ser considerada como unidade, não há meio de determinar as diferenças dentro delas por maiores que sejam. [...] Estudos idênticos e mais minuciosos serão realizados [...] localizando as observações por quarteirões dentro de todo o município da capital, ou ainda mais pormenorizadamente, por faces de quarteirão.[48]

---

[47] Foucault, *Microfísica do poder*, p. 196.
[48] "Ensaio de um método de estudo da distribuição da nacionalidade dos pais

Constata-se aqui a luta contra as confusas sobreposições, a vagueza das áreas muito grandes que funcionam como redes de malha larga, deixando escapar mais do que retendo. O que se pretende, ao invés, é determinar as menores diferenças dentro de cada unidade, do modo mais minucioso e pormenorizado. No "Projeto de pesquisa da densidade e distribuição da população da capital de São Paulo"[49], também se insiste sobre o quarteirão como base da investigação. Por que não usar a rua que seria aparentemente a unidade mais simples? Acontece que as ruas são unidade administrativa e política mais do que propriamente espacial. Elas mudam frequentemente de nome à mercê de contingências partidárias ou outras[50]; sua extensão comporta variações exageradas, das pequenas travessas às largas avenidas; há bairros novos, às vezes muito populosos, cujas ruas não foram oficializadas e não constam dos mapas etc. Os quarteirões, ao contrário, tendem à uniformidade de tamanho, não estão sujeitos a tantas variações. O modelo de espacialização de uma cidade devem ser os fixos e concretos quarteirões e não as fluidas ruas, que por sua própria função de vias de transporte são intrinsecamente menos afeitas ao propósito de fixar, localizar. O quarteirão e suas faces é que são a unidade apropriada

---

dos alunos dos grupos escolares da cidade de São Paulo", *Revista do Arquivo Municipal*, v. xxv, jul. 1936.

[49] *Revista do Arquivo Municipal*, v. xix, jan. 1936, p. 185.

[50] Problema que, aliás, foi enfrentado pelo Departamento de Cultura com a publicação da "Nomenclatura das ruas de São Paulo", com os respectivos dados históricos, através da *Revista do Arquivo Municipal*, volume após volume, em ordem alfabética: "Cancelaram-se assim muitos nomes sem a menor significação substituídos por outros que dissessem qualquer coisa à história de São Paulo [...]. Alguns cabos eleitorais do PRP, vivos ou mortos, deixaram de ver figurando seus nominhos em ruas da capital, substituídos por outros com melhor significação histórica e moral" (Duarte, *Mário de Andrade por ele mesmo*, p. 96).

a um esquadrinhamento (ou "quadriculamento", como quer a tradução brasileira de *Surveiller et punir*), termo proposto por Foucault para designar a investigação exaustiva e miúda que caracteriza o dispositivo disciplinar.

A atividade do Departamento de Cultura representou um momento em que as malhas do esquadrinhamento se estreitaram, se aguçaram em seu rigor. Temos visto que tal coisa implicava uma luta constante contra a frouxidão dos métodos precedentes de conhecimento da realidade social. Isso se manifesta também na crítica que se faz do recenseamento estadual de 1934: "Os relatórios da Comissão Central do Recenseamento Estadual indicarão naturalmente o caráter da população por distritos de paz, mas não é de imaginar-se que cheguem a uma análise minuciosa das pequenas áreas, essencial para que se revelem os centros homogêneos de população"[51].

Mas, como mostra Foucault, refinar o conhecimento da sociedade, detalhá-lo o máximo possível, responde a exigências suscitadas pelo surgimento da "população" como objeto e alvo das técnicas de governo[52]. Revela-se aí um nexo íntimo entre as perspectivas micro e macro: e assim se ilumina a contradição aparente da imagem usada no Congresso de População realizado na França em 1937, que, diante dos trabalhos apresentados por Sérgio Milliet em nome do Departamento de Cultura, "declarou, pela palavra do seu presidente, o notável especialista que é o professor Bourdon, que, pela primeira vez, se apresentava num laboratório de investigações sociológicas uma cidade *au microscope*"[53].

---

[51] *Revista do Arquivo Municipal*, v. xx, jan. 1936, p. 181.

[52] Foucault, *Microfísica do poder*, pp. 288 ss.

[53] Duarte, *Mário de Andrade por ele mesmo*, p. 60.

Robustez infantil

A atividade-piloto na implantação do Departamento de Cultura foram os parques infantis. Na verdade, o primeiro parque infantil construído em São Paulo, o Parque Pedro ii, é anterior à administração Fábio Prado, tendo sido obra do prefeito que o antecedeu, Anhaia Mello. Fábio Prado, por sua vez, deixou mais três em funcionamento — o do Ipiranga, o da Lapa e o de Santo Amaro — e outros quatro quase prontos, além de 46 em projeto.

Para cuidar da organização dos parques foi criado, em janeiro de 1935, o Serviço Municipal de Jogos e Recreios, transformado um mês depois em Serviço Municipal de Parques Infantis (recorde-se que a estruturação do Departamento como um todo só se deu em maio daquele ano). Rezava o ato da prefeitura, entre outras considerações,

> que os parques de recreio e de jogos inspirados neste ideal
> de promover o bem-estar da infância que se desenvolve
> frequentemente em más condições higiênicas e morais, constituem,
> sobretudo em bairros pobres, um meio poderoso de derivar
> as crianças de focos de maus hábitos, vícios e criminalidade
> para ambientes saudáveis e atraentes, reservados aos seus
> divertimentos e exercícios, sob controle dos poderes públicos.[54]

O que se percebe aí é o parque infantil concebido como defesa oferecida à criança contra o ambiente que a envolve. Um ambiente caracterizado por suas "más condições higiênicas e morais", por estar permeado de "focos de maus hábitos, vícios e criminalidade". Ambiente genérico que no

---

[54] *Revista do Arquivo Municipal*, v. xlviii, jun. 1938, p. 80.

entanto fica logo especificado por uma inequívoca alusão aos "bairros pobres". Alusão confirmada por Paulo Duarte: "Os parques deveriam ser instalados, de preferência, nos bairros populares, nas proximidades de fábricas, escolas e casas de habitação coletiva"[55]. O bairro pobre, portanto, é concebido como atmosfera capaz de perverter a infância, atmosfera na qual a célula familiar tenderia a dissolver-se, não constituindo proteção suficiente. É concebido como um lugar onde a precariedade material faria entrelaçar indissoluvelmente a falta de higiene e a falta de moral.

Contra essas "más condições" se erguem, pois, os muros dos parques infantis, delimitando "ambientes saudáveis" tanto no sentido estrito quanto no sentido lato; e parece que o "controle dos poderes públicos" que ali se exerce é a principal garantia da eficácia desses muros[56]. Constata-se, portanto, na visão dos criadores do Departamento de Cultura, uma insuficiência da família para dar à criança formação moral e material adequada. O Estado, assim, precisaria se incumbir dessa formação, e pretende-se mesmo que, através dela, estaria também em certa medida reformando os pais:

---

[55] Duarte, *Mário de Andrade por ele mesmo*, p. 81.

[56] E "muros eficazes" não é só uma figura de linguagem: notícia na *Revista do Arquivo Municipal*, volume XVII, outubro de 1935, intitulada "Novos Prédios para Grupo Escolar", afirma que o plano de construção de escolas então vigente foi baseado em estudo no qual "cada elemento da construção foi analisado a fim de permitir grupos escolares que satisfaçam as exigências modernas da ciência". Alguns dos capítulos desse estudo: "Sobre a cor nas salas de aula", "As instalações de assistência alimentícia", "Chuveiros no Grupo Escolar" etc. Parece que as "exigências modernas da ciência" pedem que mesmo os mais prosaicos elementos da vida cotidiana, até então considerados insignificantes, sejam racionalizados e adequados a um fim previsto. Numa escola (e num Parque Infantil) tudo deve ser educativo, a começar por ela mesma enquanto paredes, soalho e teto; ela passa a ser concebida como uma máquina de educar, do mesmo modo que, como mostra Foucault, há um momento em que os hospitais passam a ser concebidos como "máquinas de curar" (Foucault, *Microfísica do poder*, p. 101).

o cuidado com o vestuário, o cabelo e as unhas, a higiene alimentar, os hábitos nocivos e anti-higiênicos, uns ensinados outros reprimidos com inteligência, depois de exercida sua função pedagógica da educadora para a criança, retransferia aquela por uma curiosa influência antropológica, da criança para a família [...]. Política inspirada em Anchieta que viu genialmente o método de conquistar os pais selvagens, pelos curumins que ele catequizava [...].[57]

Parece, portanto, que em São Paulo de 1935 também estava em questão a conquista dos "pais selvagens".

De onde surgiu a ideia dos parques infantis? A problemática da infância, de sua normalidade, da intervenção cientificamente orientada no seu desenvolvimento etc. estava no ar já havia algum tempo. Segundo Madel Luz, o Terceiro Congresso Brasileiro de Higiene (São Paulo, novembro de 1926) foi dominado pelo tema "Formação de hábitos sadios nas crianças: estudo psicológico, pedagógico e higiênico"[58]. Por outro lado, encontramos duas menções a inspirações estrangeiras para os parques. Nicanor Miranda, no "Plano inicial da Seção de Parques Infantis"[59], cita insistentemente o educador alemão do século XIX, Frobel, e seu *Pädagogik des Kindergartens*, considerando os princípios ali estabelecidos fontes da "concepção moderna" de um parque infantil. E Paulo Duarte, em artigo n'*O Estado de S. Paulo*, diz que

a criação de parques infantis no estrangeiro teve como origem a carência de se procurar resolver muitos problemas de ordem

---

[57] Duarte, *Mário de Andrade por ele mesmo*, p. 81.

[58] Luz, *Medicina e ordem política brasileira*, p. 181.

[59] *Revista do Arquivo Municipal*, v. XXI, mar. 1936.

higiênico-social. [...] Com o pensamento voltado para esses fenômenos, associações de caridade dos Estados Unidos conseguiram, em 1886, o estágio de crianças pobres nesses logradouros públicos: [...] Já então eram três os fins visados: conservar as crianças fora das ruas, prevenir a delinquência juvenil e promover ao ar livre a saúde das crianças pobres.[60]

Mas o papel cumprido pelos parques infantis fica mais claro quando nos reportamos à situação vigente na década anterior.

O Código de Trabalho do Menor foi promulgado em 1926, tendo encontrado grande resistência entre os empresários paulistas. Luiz Werneck Vianna, abordando o assunto, mostra como naquele momento a argumentação deles "não tem suporte exclusivo na questão econômica [...]. Diz respeito a uma percepção do mundo e ao esforço para implementá-la [...]. Crenças, valores, formas de lazer e conduta instintiva são questões a serem resolvidas, no sentido de adequá-las à ordem em curso"[61]. E cita em seguida a defesa apresentada à Justiça por uma grande empresa têxtil acusada de utilizar ilegalmente o trabalho de menores de 14 anos (defesa na qual foi arrolado como testemunha, entre outros grandes industriais da época, exatamente o futuro prefeito Fábio da Silva Prado):

> numa terra onde tudo está por fazer [...], onde nem escolas há em número bastante para desbravar o analfabetismo da população, onde é notável a escassez de institutos profissionais e a penúria de centros populares de recreio [...] Aplicada [a lei] sem cautela

---

60 Duarte, "Contra o vandalismo e o extermínio", discurso publicado no *Estado de S. Paulo*, 7-8 out. 1937.

61 Vianna, *Liberalismo e sindicato no Brasil*, p. 79.

[...] fatalmente lançará ao refugo da sociedade uma nova leva de candidatos à vagabundagem, ao vício e ao delito. O menor de seus males será a multiplicação de rufiões e meretrizes.[62]

Em 1935, quando a legislação social, com a regulamentação do trabalho de menores e mulheres, jornada de oito horas, lei de férias etc., já era realidade incontornável, a atuação do Departamento de Cultura veio justamente evitar que dela adviessem tão desagradáveis consequências. Na linha de raciocínio de Werneck Vianna, diria que, mostrando-se inviável o projeto "fordista" (que implicava uma modalidade de hegemonia burguesa constituída a partir da disciplina das fábricas), foi muito bem-vinda a criação de uma instituição estatal que, entre outras coisas, se aplicaria com idealismo à criação de uma rede de "centros populares de recreio" e ao melhor encaminhamento dos "candidatos à vagabundagem".

Vejamos agora mais de perto como funcionavam os parques infantis[63]. No horário das 7h30 às 18h, um grupo de cerca de 400 crianças de 3 a 12 anos brincava, exercitava-se, recebia noções de higiene e merendava sob a supervisão atenta de um grupo de funcionários. Estes eram de três tipos: educadoras sanitárias, instrutoras de jogos e responsáveis pela parte clínica (pediatras e nutricionistas). O horário noturno (das 18h30 às 22h30) depois passou a ser aproveitado também, com a criação, em moldes semelhantes, dos Clubes de Menores Operários, destinados a adolescentes. Mas o dado que quero aqui ressaltar era a preocupação com

---

[62] *Ibidem*, p. 83.

[63] Paulo Duarte detém-se no assunto em *Mário de Andrade por ele mesmo*, pp. 81-91.

a pesquisa e a observação científica dos pequenos clientes desses parques e clubes, que igualava a atenção dirigida à educação e ao recreio. Estes eram, como diz Paulo Duarte, menores "que não podiam frequentar os clubes a pagamento, aqueles para os quais a administração pública só olhava quando os metia na cadeia"[64]. Neste enfoque, a mudança trazida pelo Departamento consistiu em que a administração pública, em vez de segregá-los, circunscreveu espaços onde seria possível, de fato, estabelecer um olhar permanente abrangendo diversos aspectos de suas vidas. Espaços que eram, para usar palavras de Foucault, "minúsculos observatórios sociais para penetrar até nos adultos e exercer sobre eles um controle regular"[65].

Se a figura do menor necessitado já tinha entrado em cena havia algum tempo, recebe agora, no palco dos parques infantis, as honras de todos os holofotes, num verdadeiro afã de iluminá-la sob todos os ângulos e conhecê-la em todos os detalhes. De novo, quem diz é Paulo Duarte:

> As educadoras sanitárias tinham a missão de [...] investigar as condições sociais do meio de que proviessem [as crianças] [...] levando a investigação até mesmo à família de cada pequeno, e ainda, vigilar pela nutrição, estudar a criança sob o ponto de vista biológico, fisiológico, psíquico e social; auxiliar a organização das fichas clínicas, biotipológicas e sociais[66].

E confirma Nicanor Miranda:

---

[64] *Ibidem*, p. 87.
[65] Foucault, *Vigiar e punir*, p. 186.
[66] Duarte, *Mário de Andrade por ele mesmo*, p. 81.

A direção do Departamento de Cultura não esquece que os Clubes de Menores Operários são admiráveis campos de pesquisas e de serviço social. Já foram iniciados alguns inquéritos e pesquisas destinadas a um conhecimento cada vez maior e mais profundo do pequeno operário, do ponto de vista físico, material, mental, econômico e social[67].

Toda essa produção de conhecimento já não pode ser explicada por uma simples intenção negativa, como a de evitar "a multiplicação de rufiões e meretrizes". Ela evidencia o aparecimento de um objetivo mais amplo. Trata-se agora de "formar indivíduos normais sob todos os pontos de vista, físico, intelectual, moral e social", tarefa na qual se resumiria, na afirmação algo triunfalista do médico-chefe dos parques, "o verdadeiro problema pátrio, problema que, generalizando, vem a ser o magno problema universal"[68]. Já estamos longe de uma concepção essencialmente corretora ou preventiva de um parque infantil. Aqui sua função não é mais proteger dos malefícios das ruas, mas de modo afirmativo, positivo, constituir indivíduos[69]: "Na obra educacional, mantida pela municipalidade de São Paulo, [...] o objetivo precípuo tem sido formar a personalidade do adolescente operário de hoje, e garantir essa personalidade no proletário adulto de amanhã"[70].

---

[67] Miranda, "Clubes de Menores Operários do Departamento de Cultura", *Revista do Arquivo Municipal*, v. XLVIII, jun. 1938.

[68] Bueno dos Reis, "Análise dos programas para o Concurso de Educadores Sanitários de Parques Infantis", *Revista do Arquivo Municipal*, v. XXXII, fev. 1937.

[69] Veja-se, em Foucault, *Vigiar e punir*, p. 185, a descrição de transição semelhante do "corretor" ao "constitutivo" ocorrendo na Europa do século XVIII.

[70] "Apresentação", no opúsculo *Acampamento Permanente*, edição do Departamento de Cultura, Arquivo Municipal de São Paulo, sem data.

A infância aparece como espaço privilegiado de uma intervenção. Fica como pano de fundo a ideia de que se poderiam resolver no presente os problemas sociais do futuro, se antecipando com esperteza às potencialidades dissolventes. O parque infantil passa a ser visto como uma miniatura da sociedade de amanhã; ou, digamos, como a sociedade de amanhã reduzida a um estado infantil, o que possibilita intervir sobre ela com todo o desembaraço das autoridades paterna e pedagógica: "Criança de hoje, esboço do homem do futuro. Infância de agora, projeto da sociedade de amanhã"[71].

As formas de encarar a relação entre Estado e infância acabam se revelando, e não por acaso, bons indicadores de uma postura "paternalista" em relação à sociedade como um todo. E a indagação se impõe: "Mas por que deverá o Estado cuidar só da vida da criança? O adolescente e o adulto não serão porventura membros da comunhão social? Não lhe prestam serviços?"[72].

O adolescente e o adulto prestam serviços à comunhão social (ou será que o "lhe" da última pergunta se refere, menos eufemisticamente, ao Estado?). Portanto, eles merecem que este último cuide também de sua vida. Ademais, "a missão de um governo municipal não deve limitar-se aos problemas materiais da cidade. Deve abranger também a vida do cidadão, do cidadão de hoje e do cidadão de amanhã"[73].

Do mesmo modo que no parque infantil é toda a vida da criança que se desenrola sob os olhos atentos dos educado-

---

71 Miranda, "Concurso de Robustez Infantil", *Revista do Arquivo Municipal*, v. XL, out. 1937.

72 *Idem*, "Clube de Menores Operários do Departamento de Cultura", p. 82.

73 *Idem*, "Concurso de Robustez Infantil", p. 202.

res, também no que tange aos adultos se dá um alargamento de perspectivas: é a entrada da "vida", em suas múltiplas manifestações, nas lides político-administrativas, assunto discutido por Foucault no último capítulo d'*A vontade de saber*.

É extremamente revelador que se faça aquela distinção entre "a vida do cidadão" e "os problemas materiais da cidade". Pois estes últimos sem dúvida dizem respeito à vida também, só que sob forma negativa: trata-se, quanto a eles, de garantir condições mínimas de *sobrevivência*, numa posição que se poderia caracterizar como defensiva diante de situação fundamentalmente adversa. Quando estão em questão os "problemas materiais", é contra a ameaça das potencialidades de morte contidas ali que se trabalha. Inversamente, quando se traz à pauta a questão da "vida do cidadão", tal ameaça sai de cena, é abstraída; agora são as potencialidades da vida que se trata de desenvolver: sua duração, sua qualidade etc. A *mortalidade* abandona o centro das atenções, surgindo em seu lugar a *vitalidade*.

Há na *Revista do Arquivo Municipal* notícia sobre certo "Concurso de Robustez Infantil" que fala com eloquência desse novo personagem. Tal concurso, realizado para comemorar o "Dia da Raça", a 12 de outubro de 1937 (no que parece ser a inglória origem do nosso atual Dia da Criança), teve lugar no Teatro Municipal sob os auspícios do Departamento de Cultura. Discursaram na ocasião Nicanor Miranda, Kaissar Kassab (diretor da revista *Infância*) e Cardoso de Mello Neto (governador do estado em substituição a Armando de Sales Oliveira, que se tornara candidato à presidência da República). O que se percebe nesses discursos é a reiterada valorização da "vitalidade", do "vigor" e de semelhantes propriedades da personalidade que ficam a meio caminho entre o puramente físico e o moral. Elas dizem respeito à saúde, mas à alegria também; referem-se, por assim dizer, a uma espécie de positividade geral do ser — que se expressa na robustez, mas também no sorriso e na felicidade "que se estampa nas fisionomias":

> Um concurso de robustez infantil encerra uma significação mais profunda do que aquela que mostra sua singela aparência. Visa-se aí a saúde da criança, e quem diz saúde diz alegria, diz felicidade. [...] Há crianças que não são alegres e felizes. Crianças melancólicas, de vitalidade medíocre. [...] É a tristeza um reflexo mental de uma depressão de vigor físico, de um apoucamento da saúde [...]. Cuidar da alegria da criança significa preparar homens otimistas, preparar homens otimistas é formar obreiros ativos para a edificação de uma Pátria cada vez mais digna.[74]

Esse ponto de vista, percebe-se, permite enxergar em cada criança introspectiva uma ameaça à ordem constituída. A "vitalidade medíocre" denuncia o futuro pessimista, no semblante fechado se prevê o fermento de insatisfações sociais. Ganha assim grande importância o investimento no corpo — essa expressão suprema da "vida" de cada um. As práticas esportivas recebem atenção especial dentro dos parques infantis. E não apenas lá: a Divisão de Educação e Recreio já tinha em projeto a construção de campos de atletismo, piscinas públicas e do estádio municipal que mais tarde viria a ser o Pacaembu.

Além disso, as referidas práticas eram consideradas socializadoras por excelência, na medida em que agrupavam

---

74 *Ibidem*, p. 202. Note-se que a metáfora: "formar *obreiros* ativos para a *edificação* de uma Pátria etc." mostra que o pensamento do orador se volta especialmente para a formação do vigor e do otimismo no seio da classe operária.

os jovens em times, punham-nos em contato com a competição, as regras do jogo, a autoridade do juiz etc. Os esportes eram vistos como miniaturas da vida adulta, gerando um padrão de comportamento coletivo que se perpetuaria naquela. Com a palavra Nicanor Miranda:

> Devido à rigorosa e severa disciplina esportiva, baseada antes de tudo na educação moral e social dos menores, os jogadores desafiantes comportam-se de forma realmente digna de admiração, obedecendo inflexivelmente às leis do jogo, às decisões do juiz, e revelando um admirável espírito de lealdade. Este é, aliás, um dos pontos básicos da nossa orientação, aquele em que nenhuma benevolência é permitida, nenhuma condescendência é tolerada, nenhuma concessão é feita.[75]

A intenção é louvar o bom comportamento dos jogadores, sua lealdade, obediência etc. No entanto, o inverso disso tudo transparece na letra do discurso: as palavras usadas manifestam a existência de fortes tendências a desobedecer e desafiar ("jogadores desafiantes") a ordem simbolizada pelas leis e juízes. Só tais tendências podem explicar a necessidade do "rigor" e da "severidade"; evidentemente é para com elas que não se pode "permitir" nem "tolerar" a mínima "benevolência", "condescendência" ou "concessão"; e é por causa delas que um bom comportamento se torna, afinal, "digno de admiração". A própria expressão "obedecer inflexivelmente" trai o que não se quer admitir, pois é óbvio que a imagem de alguma coisa rígida, que resiste à flexão, é metáfora mais apropriada para "autoridade" que para "obediência". Tal imagem supõe a existência de forças

---

[75] *Idem*, "Clube de Menores Operários do Departamento de Cultura", p. 82.

que querem flexionar, diante das quais o inflexível resiste; ela soaria mais natural numa frase como: "o juiz manteve-se inflexível em sua decisão, mesmo assediado por todos os jogadores etc.".

O que, porém, parece mais importante no incentivo que se prestava ao esporte é a oportunidade proporcionada à exaltação — que às vezes pode soar paradoxalmente sinistra — do "viver" e do que poderíamos chamar de "valores vitais": a força, a saúde, a beleza, a alegria. Estes são vistos como um conjunto solidário, onde cada elemento é indispensável à permanência dos outros: "[...] o futuro sois vós, meninos e meninas. Vós que com as vossas taças conquistadas pela beleza de vossa saúde representais a alegria de viver, para felicidade de vossos pais [...]. Mas é preciso que saibais viver fortes, sadios. Viver com alegria de viver"[76].

Falar em "beleza da saúde" pareceria um tanto inapropriado num contexto em que a saúde expressasse meramente a capacidade de se defender da ameaça da morte e suas aproximações. Mas "o conceito de saúde já não é mais o conceito negativo de ausência de doença: a saúde hoje se mede e se pesa, ela se exprime em cifras e por fórmulas positivas quase matemáticas, é uma acusação de vigor físico e mental que dão a alegria de viver e que correspondem a um rendimento de energia a preço marcado"[77].

---

[76] *Idem*, "Concurso de Robustez Infantil", p. 203.

[77] Discurso do dr. Amaury Medeiros na inauguração do Segundo Congresso Brasileiro de Higiene, Belo Horizonte, 1924. Citado por Luz, *Medicina e ordem política brasileira*, p. 180. A citação dessa fonte alheia ao Departamento de Cultura me pareceu justificada pela proximidade do assunto, que demonstra estarem as ideias aqui discutidas em voga já na década de 1920.

Divertimentos públicos

Os "Cabocolinhos" saem pelo Carnaval. Saem quando podem porque em nome dum conceito mesmo idiotissimamente nacional de Civilização, as Prefeituras e as Chefaturas de Polícia fazem o impossível para eles não saírem, cobrando diz-que até duzentos mil-réis a licença. Será possível!... [...] Até pra ensaiar dentro de casa, pagam treze paus à Polícia!...

Que a Polícia obrigue os blocos a tirarem licença muito que bem, pra controlar as bagunças e os chinfrins, mas que faça essa gente pobríssima, além dos sacrifícios que já faz pra encenar a dança, pagar licença, não entendo. Seria justo mas é que protegessem os blocos, Prefeitura, Estado: construíssem palanques especiais nas praças públicas centrais, instituíssem prêmios em dinheiro dados em concurso.

Mário de Andrade, *Turista aprendiz*

O ato da prefeitura de São Paulo, já mencionado, que criava o Serviço Municipal de Jogos e Recreios, apresentava em seu primeiro "considerando" um assunto que, embora também estivesse ligado aos parques infantis, extrapolava a alçada deles. Ele trazia um novo enfoque da relação entre trabalho e descanso: "[...] as forças morais e espirituais de uma Nação dependem, em parte, da maneira pela qual são aproveitadas pelos cidadãos, as suas horas de descanso, e é por isso necessário despertar nas novas gerações, o gosto e criar o hábito de empregar seus lazeres em atividades saudáveis de grande alcance moral e higiênico".

Que a força de uma nação dependa não apenas do seu trabalho, mas também do seu descanso, implica atribuir a este uma positividade que tradicionalmente não lhe pertencia. A própria palavra *descanso* é construída através de uma negação: descansar é fazer uma pausa, um intervalo, entre um cansaço e outro. O descanso não faria sentido fora do trabalho do qual ele é a ausência temporária. Mas não é só por isso que atribuir sentido autônomo ao descanso representava novidade.

Recorrendo mais uma vez a Luiz Werneck Vianna, vemos que na década de 1920, para os empresários paulistas, qualquer prolongamento do período de não trabalho implicava, por si só, debilitamento das "forças morais e espirituais de uma Nação". Os motivos por eles apresentados, em relatório ao Conselho Nacional do Trabalho, contra a lei de férias decretada em 1926 indicam que, em sua visão, "o proletariado brasileiro não teria aderido aos valores do industrialismo. O afrouxamento repentino, causado pelas férias, de sua ligação com a fábrica poderia ser altamente danoso para sua moralidade". Perguntava o relatório da Fiesp:

> Que fará um trabalhador braçal durante quinze dias de ócio? Ele não tem o culto do lar [...]. Para nosso proletário, para o geral do nosso povo, o lar é um acampamento — sem conforto e sem doçura. O lar não pode prendê-lo e ele procurará matar as suas longas horas de inação nas ruas. A rua provoca com frequência o desabrochar de vícios latentes e não vamos insistir nos perigos que ela representa para o trabalhador inativo, inculto, presa fácil dos instintos subalternos que sempre dormem na alma humana, mas que o trabalho jamais desperta.[78]

Constatamos assim duas formas de encarar o assunto "descanso". Em 1926 ele é equiparado ao ócio, à vadiagem geradora de vícios e crimes. Em 1935, longe disso, encontramo-lo

---

[78] Citado por Vianna, *Liberalismo e sindicato no Brasil*, p. 80.

como porção do tempo plenamente aproveitável pelas forças nacionais. O que era um intervalo, uma lacuna perigosa e imprevisível, se transforma num espaço a ser gerido, administrado, a fim de que se extraia todo o "alcance moral e higiênico" nele recém-descoberto. Traça-se, pois, o percurso que leva da "vadiagem" ao "lazer". Este guarda em sua etimologia (do latim *licere*, ser lícito) a pertinência do mundo da lei, ao contrário daquela, que é fora da lei e desafia abertamente o trabalho. Como escreve Dumazedier: "A ociosidade nega o trabalho; o lazer o supõe"[79].

Através do Departamento de Cultura, o Poder Público se volta para os modos que a população tinha de dispender suas horas de folga. Já em junho de 1935, o volume XIII da *Revista do Arquivo Municipal* publica matéria intitulada "As diversões em São Paulo", com um levantamento feito pelo departamento. Este indicava a existência na capital paulista de 63 cinemas, 5 teatros, 19 circos de cavalinhos, 31 cabarés e *dancings*, 26 campos de futebol, 624 mesas de bilhar, 43 dominós, 14 parques de diversões, 360 sociedades de bailes e 312 canchas de *boccie*[80]. Num só escaninho são englobadas manifestações esportivas, artísticas e recreativas dos mais diversos gêneros, compondo o conceito de diversões. Este é esmiuçado no Ato n. 1.154, de 6 de julho de 1936, que "regulamenta os divertimentos públicos e dispõe sobre as contribuições a que estão sujeitos"[81].

---

[79] Dumazedier, *Sociologia empírica do lazer*, p. 20.

[80] Note-se que, segundo Dumazedier (*op. cit.*, p. 21), a primeira grande enquete centrada no lazer ocorreu nos Estados Unidos somente em 1934. O conceito de lazer do sociólogo francês abrange as "diversões" aqui enumeradas, sem se limitar a elas.

[81] Publicado na íntegra na *Revista do Arquivo Municipal*, v. XXV, jul. 1936, pp. 315-22.

Esse ato representa a oficialização da categoria "Divertimento público" como uma região da vida social que o Estado tem direito e obrigação de inspecionar e controlar. Creio que esse documento legal pode ser encarado como um rastro do processo de incorporação do ludismo à esfera pública: o divertir-se deixa de ser assunto privado. Sigamos a enumeração das atividades abrangidas: jogos, espetáculos, bailes, quermesses, certames; feiras, festivais, barracas, coretos, circos, pavilhões; casas noturnas, teatros, cinemas, cabarés, cafés-concerto; clubes, piscinas, lutas, prados, pistas de corrida, arenas de esporte; espetáculos líricos, concertos, conferências etc.

O controle e a fiscalização da qual o Departamento de Cultura se incumbe (art. 1) se fazem essencialmente através de dois mecanismos: o "registro" e a "vistoria". O registro escrito, documental, evidentemente se baseia na imediatez da vistoria, ou ao menos na possibilidade de ser conferido através da vistoria: é, por assim dizer, vistoria cristalizada. Esta é organizada de modo racional e econômico com base no registro, que informa onde, quando, com que frequência etc. precisam ser efetuadas vistorias.

> Art. 2. — Não será permitido o funcionamento de qualquer
> sociedade recreativa, dançante, carnavalesca ou semelhante,
> sem que seja antes registrada na referida Divisão, na seção
> competente. [...] Art. 4. — A seção terá uma relação minuciosa
> das sociedades, casas e lugares de divertimentos públicos,
> socorrendo-se, para isso, não só do registro de que trata o artigo
> 2 e do assentamento de alvarás, como ainda de listas obtida
> diariamente da repartição estadual de polícia [...].

A vistoria é usada para verificar a relação entre o público previsto e a capacidade do local; a ocorrência de danos no caso de haver queima de fogos de artifício; a existência de condições de segurança, higiene e comodidade; para fazer a censura prévia dos números apresentados por casas noturnas etc. Mas, além dos seus fins determinados, o que o ato afirma é o direito genérico do Departamento de Cultura de exercer a vistoria, como expressão do controle sobre os divertimentos públicos. Todas as casas de espetáculos serão vistoriadas no mínimo duas vezes por ano (art. 18), ao passo que os circos, pavilhões e barracões de lona ou de madeira o serão bimestralmente (art. 19). Independentemente disso, haverá em todos esses lugares "sempre uma localidade especialmente reservada à fiscalização do município" (art. 36.); e "os encarregados da Fiscalização Municipal terão livre acesso, a qualquer hora, em quaisquer lugares em que se realizem divertimentos públicos".

A instituição da vistoria expressa a preocupação mais geral, disseminada ao longo do texto, de expandir ao máximo a área de visibilidade de seu objeto. Assim, entre as exigências feitas às casas noturnas, está a de "não haver no estabelecimento dormitório ou compartimento fechado". E mais adiante, no artigo que trata dos bilhetes de ingresso:

§ 1. — Nas entradas das casas de divertimentos públicos deverão afixar-se, bem visivelmente, textos explicativos das disposições deste artigo e, nas bilheterias, além desses textos, outro cartaz com os seguintes dizeres: "Só têm valor os ingressos perfurados e datados no ato da aquisição e à vista do comprador". § 2. — Para os efeitos do dispositivo de que trata o § supra, a bilheteria ou caixa será construída de forma a que fique bem visível, tanto ao público como aos fiscais, a máquina perfuradora de ingressos, devendo a sua construção ou modificação ser aprovada pela seção competente.

Deve-se inundar de luz os compartimentos fechados e providenciar para que tudo seja feito às claras, possibilitando visão imediata e arquitetonicamente desimpedida tanto dos dizeres da lei, quanto da matéria sobre a qual ela dispõe. É claro que se podem encontrar nessas exigências intenções moralizantes (quanto a dormitórios) ou econômicas (quanto a bilhetes), intenções que de resto podem ser encontradas também em outras partes do documento. Mas creio que o mais importante no ato em estudo é a própria criação da categoria "Divertimento público", possibilitando duas coisas:

1) Dirigir a atenção e o olhar controlador do governo a várias atividades nas quais eles até então não incidiam, ou só incidiam de forma limitada. Por exemplo, o caso das sociedades carnavalescas e congêneres, que antes só eram vistas sob o prisma eventual e negativo da manutenção da ordem pública, como "caso de polícia", e que agora são observadas permanentemente no quadro mais geral de um Departamento de Cultura — o que, note-se, não exclui o prisma anterior[82]. A diferença entre as duas situações é bem retratada por Mário de Andrade nos trechos do *Turista aprendiz* que servem de epígrafe ao presente tópico.

---

[82] A análise de corte foucaultiano que estamos aplicando ao problema das "diversões" encontra importante oposição nos trabalhos de J. Dumazedier. Para este, a emergência do lazer como fenômeno social no século xx se associa a dois fatores inter-relacionados: "uma regressão dos controles institucionais dos organismos de base da sociedade e uma valorização da expressão do eu em todos os possíveis sentidos do termo, em todos os níveis e malgrado todas as forças econômicas, políticas e culturais que se lhe opõe" (Dumazedier, *Sociologia empírica do lazer*, p. 84). Para Foucault, porém, a "valorização social da expressão do eu" constitui uma mudança de tática dos "controles institucionais": em vez de "regressão", "refinamento" (em ambos os sentidos), apoiado em importantes "forças econômicas, políticas e culturais".

2) Reunir num mesmo conceito uma série de atividades até então consideradas totalmente díspares. O fato, por exemplo, de que as atividades de uma gafieira e do Teatro Municipal sejam anunciadas na mesma seção dos jornais é fruto de uma série de circunstâncias, que hoje nos faz compreender a ambos, apesar de suas diferenças, como "divertimentos", ou, mais recentemente, como "eventos culturais" (aliás, seria do maior interesse saber quando esta expressão passou a substituir a primeira). Até meados do século xx toda essa esfera "cultural", que hoje se recorta tão nítida diante de nossos olhos, ainda era algo que se diluía e distribuía entre, por um lado, o problema quase policial da fiscalização a bailes populares e suspeitos divertimentos noturnos, e, por outro, o que Mário de Andrade chama de "bonita festa de ricaço decorada com o título de Temporada Lírica Oficial"[83]. O Departamento de Cultura, ao encarregar-se de ambos os assuntos através de sua Divisão de Turismo e Divertimentos Públicos, diz antes de tudo que pertencem ao mesmo âmbito, o âmbito da cultura. Ao fazê-lo, modifica os dois e de certa forma os aproxima: melhora o *status* das gafieiras, ao mesmo tempo que institui diante da temporada lírica certa exigência de justificação social[84].

Mas aqui nos aproximamos de outro problema: o fato de que a criação de um Departamento de Cultura não foi, na

---

[83] *Música doce música*, p. 193.

[84] Lê-se no discurso "Pela Cultura" pronunciado pelo vereador Antônio Vicente de Azevedo: "Em setembro esteve na Capital uma Companhia Lírica... O Departamento exigiu da Companhia a representação de pelo menos uma ópera nova. Assim foi que levou à cena Giulio Cesare, de Malipiero, uma das figuras mais representativas da música moderna da Itália. Como no ano anterior, o Departamento promoveu um espetáculo inteiramente gratuito ao povo; tendo sido representado o Guarany [...]" (*Revista do Arquivo Municipal*, v. xxviii, outubro de 1936, p. 290).

capital paulista e em 1935, o mero reconhecimento oficial de uma fatia da realidade já bem delimitada aos olhos de todos, e já previamente considerada merecedora de atenção especial por parte do governo. Ao contrário. Se examinarmos, por exemplo, os programas dos partidos Democrático e Republicano Paulista elaborados em 1932, veremos que nenhum dos dois inclui um tópico referente à cultura ou aos problemas culturais[85]. A criação do Departamento de Cultura, três anos depois, teve que vir junto com a criação de um conceito de cultura como assunto do governo, como questão política.

Aberta a rubrica, abriu-se também a polêmica sobre a pertinência a ela: esporte é cultura? Turismo é cultura? E, como se dizia nos anos 1980: "Disco é cultura"? É possível que essa necessidade de afirmar que determinadas coisas "são cultura", tenha aparecido nesse momento. Ela se relaciona com a contradição entre a vagueza do termo e a necessidade de especificá-lo para fins administrativos e burocráticos. Assim, o vereador Antônio Vicente de Azevedo, em seu discurso "Pela cultura"[86], afirmava em defesa da Seção de Turismo do Departamento: "Torna-se indispensável criar uma repartição que centralize todos os serviços atinentes a esse novo ramo da cultura". E o próprio Mário de Andrade dizia, justificando a realização pelo departamento, em 1937, do Congresso da Língua Nacional Cantada: "Faz parte da cultura duma nacionalidade a organização consciente de seus processos essenciais de se manifestar"[87].

---

[85] Prado, *A democracia ilustrada: o Partido Democrático em São Paulo, 1926-1934*, pp. 128-30.

[86] *Revista do Arquivo Municipal*, v. XXVIII, out. 1936, pp. 287-306.

[87] "Normas para a boa pronúncia da língua nacional no canto erudito", *Revista do Arquivo Municipal*, v. XXXIX, set. 1937, p. 9.

Mas junto com a discussão sobre o que é ou não cultura, houve naturalmente quem perguntasse se fazia algum sentido ter um Departamento de Cultura. Isso se percebe bem no citado discurso "Pela cultura", que é consagrado à defesa do Departamento diante de seus adversários: "Sr. Presidente, de todos os departamentos da Prefeitura de São Paulo é o encarregado da *Cultura* o preferido para os ataques e as críticas". Nota-se na defesa feita pelo vereador que os autores dos ataques viam as atividades do departamento como dispensáveis bizantinices sem nenhum sentido prático. Para boa parte dos colegas de Vicente de Azevedo, coisas como a filmagem de danças folclóricas ou a instituição de um Concurso de Decoração Proletária[88] não passariam de desperdícios de recursos públicos, promovidos por intelectuais diletantes.

Paulo Duarte também faz referência às críticas sofridas pelo departamento e se detém especialmente em uma delas, dirigida a uma atribuição prevista pelo Ato n° 1.146 para a Divisão de Turismo e Divertimentos Públicos: "a instalação, na cidade de São Paulo, de um restaurante destinado a estilizar a culinária brasileira e a fazer a propaganda dos produtos e gêneros alimentícios nacionais". Segundo Duarte, depois da implantação do Estado Novo e da demissão de Mário de Andrade, esse artigo

> foi alvo da chacota de todos os bajuladores da nova situação. Riram-se daquela extravagância do Governo do Município

---

[88] Este Concurso, referido também por Vicente de Azevedo no seu discurso, guarda relação com o que diz o relatório da Fiesp citado antes sobre a ausência de um "culto do lar" no povo brasileiro: "Não constitui pois este empreendimento um incentivo do culto ao lar, e, portanto, um movimento de estabilização do sentimento doméstico?" ("Pela Cultura", *Revista do Arquivo Municipal*, p. 290).

descer da sua dignidade para abrir um restaurante na capital de São Paulo! Era o cúmulo! Só mesmo na cabeça daqueles idiotas do Departamento de Cultura! Esses pobres selvagens porém render-se-iam à evidência do fator cultural que, para um país, representa a comida, a maneira de preparar os alimentos, desde a plantação e a colheita até uma panela cheirosa fumegando a uma chama viva.[89]

No relato que o autor faz dessas críticas encontramos outra vez, em meio à condenação generalizada do Departamento, de sua orientação e seus dirigentes, a questão mais específica, de saber se determinado assunto — no caso, a culinária — pode ou não ser considerado cultura. Ou, como diz Duarte, se tem a "dignidade" necessária para tanto. As duas questões parecem se entrelaçar. A posição favorável à criação de um órgão governamental dedicado à cultura estaria ligada a uma noção mais abrangente do que seja a cultura: e, pelo menos no caso do Departamento, a uma noção certamente menos aristocrática.

Mas esse antiaristocracismo tinha seus limites[90]. Prossigamos com a narrativa de Duarte: com o fim de instalar o restaurante previsto no artigo citado, o departamento en-

---

[89] Duarte, *Mário de Andrade por ele mesmo*, pp. 109-10.

[90] Limites que se manifestam, por exemplo, na diferença entre o modo como o problema "alimentação" é tratado aqui — na Divisão de Turismo e Divertimentos Públicos — e na Seção de Documentação Social da *Revista do Arquivo Municipal*, em que são publicadas várias pesquisas sobre alimentação operária. Uma delas, de autoria de Josué de Castro — "As condições de vida das classes operárias no Recife (estudo econômico de sua alimentação)" — afirma a certa altura: "Não é a máquina que seja de ruim qualidade; e se o seu trabalho rende pouco, ela estanca e para a cada passo e se despedaça cedo, é por falta de combustível suficiente e adequado". (*Revista do Arquivo Municipal*, v. XVIII, nov. e dez. 1935, p. 67). O aristocratismo dá a volta por cima, reaparecendo na dicotomia entre alimentação como culinária e como combustível; como fato cultural e como fato econômico.

trou em contato com um especialista suíço que se interessara pela culinária brasileira: "Eugène Wessinger, ao chegar a São Paulo, apaixonara-se pela nossa cozinha verdadeira, não essa que se assassina nas espeluncas de São Paulo ou do Rio, mas a verdadeira cozinha encerrada no esoterismo dos fogões familiares das velhas famílias das antigas fazendas do Brasil"[91].

Essa frase merece ser lida com atenção. Em primeiro lugar, há a repetição cozinha verdadeira/verdadeira cozinha, frisando que existem distinções nítidas nesse assunto: nem toda cozinha é cultura, nem toda merece a atenção do Departamento. Em seguida, a cozinha-cultura — a cozinha "digna", poderíamos acrescentar — é situada: ela está "encerrada no esoterismo". Note-se como esses dois termos se somam para dar a impressão de algo inacessível e exclusivo de poucos, como segredos bem guardados. O esoterismo, por sua vez, se associa a uma cadeia de expressões cujo sentido geral está fortemente ligado por contiguidade semântica e pela aliteração em *f*: fogões familiares/velhas famílias/antigas fazendas. É inequívoca, aqui, a alusão a valores enraizados na época da Colônia e da escravidão. Ainda mais quando notamos o contraste proposto: cozinha verdadeira *versus* cozinha "que se assassina nas espeluncas de São Paulo ou do Rio". O problema culinário é remetido à imagem de um Brasil rural — onde família e antiguidade são valores básicos — sendo assassinado por um Brasil urbano onde o comércio (nas espeluncas) é o que mais conta.

As associações entre culinária e sociedade continuam, ao verificarmos como Eugène Wessinger iria dar curso à sua

---

91 *Ibidem*, p. 110.

paixão pela cozinha brasileira. Certo dia, ele apresenta ao pessoal do Departamento um prato de "rara beleza plástica":

> Tratava-se de uma trivial feijoada, esse quitute delicioso que a vista repele e a que os estrangeiros dificilmente se aventuram por seu aspecto geral. Não era só na apresentação física, o tempero da velha feijoada fora também artisticamente dosado, era uma feijoada, conhecia-se, mas diferente, mais fina, mais agradável, estilizada como só poderia fazer um artista completo.[92]

O objetivo do suíço, como diz Paulo Duarte em seguida, era "dar um pouco de modos a essa gostosa, inteligente mas mal educada cozinha nacional". Isso também lembra muito a tarefa proposta por Mário de Andrade aos compositores eruditos, que seria partir da "rude" música folclórica para elevar-se à construção de obras sofisticadas de arte erudita[93].

Percebe-se, por essa analogia, que a feijoada nesse contexto podia ser substituída por qualquer outro elemento "típico" ou folclórico: está ali como representante da cultura popular. Podia por exemplo, nesse papel, ser substituída pelo vatapá, como acontece no capítulo v de *O banquete*. O quitute baiano, quando servido, provoca interessantes reações nos personagens. Siomara Ponga, a internacional e racista virtuose do canto lírico, teme que lhe estrague a voz: "— Está muito agradável. Mas esses pratos de negros são como transfigurações alimentares de estupros, há quem se console assim...". Ao que retruca o político fascista Félix de Cima: "O vatapá é um prato dos fortes de espírito [...] Foi inventado por escravos, mas foi servido aos patrões [...].

---

92 *Ibidem*, p. 111.

93 *Ensaio sobre a música brasileira*, p. 29; e *O banquete*, p. 151.

Mas hoje toda gente quer mandar, democracia!... E o vatapá saiu de moda, ninguém mais aguenta vatapá, só quer comer perfumaria! Nós carecemos dum governo forte, dum governo vatapá!".

Mário de Andrade quer retratar na cantora Siomara Ponga uma parcela da classe dominante, cuja atitude diante de tudo que é popular é de total rejeição. Já Félix de Cima seria representante de outra parcela, digamos populista-autoritária, que procura se apoiar na cultura popular concebida enquanto passado, enquanto manifestação de um momento "analfabeto e conservador" do povo[94].

Recorri a uma citação de *O banquete* porque mostra, na figura meio grotesca de Félix de Cima, um reflexo, afinal, da mesma atitude de Paulo Duarte. Em nome das tradições nacionais, este, sem perceber, louva no fundo o tempo em que nas antigas fazendas as invenções dos escravos eram servidas aos patrões. A diferença é que, enquanto o personagem advoga um governo-vatapá com toda sua rudeza e primitivismo, Duarte prefere um vatapá estilizado, fino e bem-apresentado...[95]. Mas sua defesa da "verdadeira cozinha brasileira" apresenta ainda outros problemas. Sigamos um pouco mais seu argumento:

A Civilização Latina que se acrisolou principalmente na França demonstra sua grandeza não só pela alta cultura científica, representada na pesquisa pura, completamente alheia à

---

[94] *O banquete*, p. 61.

[95] Que não se tire dessa observação a conclusão de que tomo Paulo Duarte por fascista, o que seria ridículo. O que pretendo, ao contrário, é mostrar como discursos enunciados no terreno mais "neutro", mais impreciso, da política cultural, deixam escapar enunciados que não correspondem necessariamente a posições políticas *stricto sensu* de seus enunciadores.

intenção especulativa, que tanto viceja nos laboratórios da França, mas igualmente por esses tantos outros laboratórios de finura e gosto que são os restaurantes de Paris. Mas isso, os tapuias do Estado Novo não podiam mesmo compreender.[96]

O que se quer demonstrar é a equivalência em importância entre culinária e pesquisa científica. Mas o argumento usado para isso é o fato de que "na França é assim", e assim se passam as coisas na "Civilização Latina". Isto fica claro quando se qualificam de "tapuias" os representantes do Estado Novo que não compreendiam etc. e que pouco antes tinham sido chamados também de "pobres selvagens": não compreendiam por que, sendo "tapuias", não podiam mesmo se importar com assuntos da "Civilização Latina". A defesa da brasilidade, portanto, aparece aqui junto a uma visão depreciativa dos tapuias — ou seja, do componente não europeu da nacionalidade — e a uma valorização da França.

Aliás, essa valorização aparece de modo curioso também em outros momentos do livro de Duarte: através da comparação entre coisas de São Paulo e seus supostos equivalentes franceses. Assim, o projetado Museu Histórico da cidade de São Paulo viria a ser o "Museu Carnavalet de São Paulo"[97]; o Parque do Ibirapuera é chamado de *Bois de Boulogne* de São Paulo"[98]; e o guia da cidade de São Paulo, que o departamento planejava editar, é comparado aos *Guides Bleus*"[99]. Essas comparações são usadas para valorizar as próprias atividades do

---

[96] Duarte, *Mário de Andrade por ele mesmo*, p. 110.

[97] *Ibidem*, p. 96.

[98] *Ibidem*, p. 88.

[99] *Ibidem*, p. 109.

Departamento, na medida em que fornecem uma espécie de argumento de autoridade, dando a elas "atestados de importância".

Encontramos procedimento parecido no já citado discurso "Pela cultura". As "nações mais adiantadas" são constantemente chamadas a servir de testemunha em prol das realizações do Departamento. E isso a ponto de a reiteração desses testemunhos se constituir no argumento quantitativamente mais importante do texto. A França e a Alemanha são invocadas três vezes cada uma; a Itália e a Romênia, duas vezes; Inglaterra, Holanda, Rússia, Suécia, Ucrânia, Uruguai, Áustria, Suíça, Estados Unidos, uma vez cada; e uma vez cada as cidades de Viena, Berlim, Hamburgo, Buenos Aires e Montevidéu. Mas o exemplo máximo da utilização desse recurso está no final da oração, quando o vereador Vicente de Azevedo procura exaltar as qualidades do próprio diretor do Departamento de Cultura: "O sr. Mário de Andrade é uma das poucas personalidades brasileiras cujo nome é conhecido e acatado em países cujo grau de cultura é ainda muito superior ao nosso. Poucos são os brasileiros cujas obras tenham sido traduzidas para o alemão e para o inglês".

E isso é dito como se fosse a informação mais importante disponível para realçar o valor do autor de *Macunaíma*.

Vale a pena notar também — para estender um pouco mais o assunto culinária — a valorização que Paulo Duarte faz do vinho, ligando-o ao Departamento de Cultura da origem ao apogeu, fazendo-o acompanhar e como que pontuar a trajetória da instituição. Ela começa quando ele descreve as reuniões daquele grupo de amigos modernistas, a que se fez referência bem no início deste capítulo:

Em torno de uma grande mesa de granito, fria como uma mesa de necrotério, mas que se esquentava com vinhos bons, vindos do Buksky ou do Terminus, discutíamos e construíamos coisas, algumas que mais tarde haviam de existir mesmo, como o Departamento de Cultura.

Anos depois, Duarte é convidado por Fábio Prado para trabalhar com ele na prefeitura e...

Um belo dia, menos de uma semana depois, não sei por que motivo, jantávamos juntos, o prefeito e eu, em casa do próprio Fábio Prado... Só nós dois. Creio que foi um maravilhoso vinho "Montrachet" que me cutucou, no subconsciente, a velha ideia nascida no apartamento da avenida São João. Contei tudo ao novo prefeito descoberto por Armando de Sales Oliveira. Fábio Prado não respondeu nada, passando a outro assunto. Dimitri encheu novamente os copos daquele ouro líquido e fresco. Fábio fisgou-me com uma pergunta: — Por que não tentar esse instituto?

Consolidada a "tentativa", a todo vapor os trabalhos do departamento — "este turbilhão ensurdecedor, embebedador, dionisíaco", como escreveu Mário de Andrade a Murilo Miranda[100] — , eis como Duarte descreve a felicidade do seu diretor: "— 'Sou um homem feliz!' Depois de um gole de *Chambertin*, agora não mais na avenida São João, mas à rua Guarará, repetia a frase, mas dando-se conta da qualidade do velho Borgonha: — 'Este vinho me deixa com a boca tradicional!' Era mesmo, mas não era só a boca, nós vivíamos com a alma tradicional"[101].

---

100   *Cartas a Murilo Miranda*, p. 40.

101   Duarte, *Mário de Andrade por ele mesmo*, pp. 49-53.

O vinho esquenta as conversas durante as quais surge a ideia do Departamento de Cultura. Depois, no momento propício, "cutuca" Paulo Duarte e o faz soprá-la ao prefeito. Em seguida, age sobre o próprio Fábio Prado, quase como uma poção encantada, fazendo-o ceder à sedução do projeto.

O ensaio "Baco federador", de Michel Maffesoli, sugere pistas para entender a importância assumida pelo vinho na narrativa de Paulo Duarte:

> Da Antiguidade pagã ao nosso mundo cristão, o vinho reedita a socialidade e a comunicação. É ele que desata as línguas e ata os corpos. [...] O álcool é um adjuvante eficaz para se tratar, com astúcia, de matéria social e política; [...] enfim, para se aceitar todas as coisas sobre as quais se assenta, de uma maneira quase intencional, o laço social [...]. Assim, alguma coisa que já se esclerosava ou se desestruturava recobra, pela ação fluida do vinho, uma juventude. [...] A embriaguez é, a um só tempo, uma iniciação cósmica (a perda de si) e uma iniciação erótica (a agregação coletiva). [...] *Esquecer o próprio corpo em holocausto ao corpo coletivo* é uma maneira de reproduzir o ciclo infindável da criação e da destruição.[102] (Grifo meu)

O vinho, ligado a Dionísio, à missa cristã e à afirmação da socialidade, pertence à série de associações "sacrificiais" desenvolvidas no capítulo 2; e talvez seja justamente devido a essa pertinência que sua presença se faz tão forte no trecho de Paulo Duarte citado acima.

---

[102] Maffesoli, *A sombra de Dionísio*, pp. 137-52.

A questão da "brasilidade" era, como veremos com mais vagar a seguir, um dos pontos em torno dos quais girava a ação do Departamento de Cultura. Os exemplos citados, porém, mostram como a defesa dessa instituição às vezes passava por uma inesperada valorização da Europa, como se o departamento fosse um elemento europeu encravado no Brasil; ou, quem sabe, como se fosse a expressão de um Brasil-Europa lutando contra o elemento "tapuia" obstinadamente encravado... Mas a palavra *encravado* evidentemente não ajuda muito, pois sugere sempre a convivência indesejável de dois corpos irredutíveis — um dos quais será forçosamente reduzido à condição de corpo estranho e, como tal, extirpado. Nessa confusão que faz uma "organização brasileira de estudo de coisas brasileiras e de sonhos brasileiros"[103] ser defendida com invocações à França e atacada por "tapuias", vejo antes a reaparição de nexos já discutidos no capítulo 1. Pois encontra-se subjacente a esses embates do Departamento de Cultura a mesma concepção lá rastreada através da obra de Mário de Andrade, ou seja, a luta pela afirmação de um caráter nacional cuja *solidez* repousasse em liames com tradições de caráter internacional.

As bandeiras da nova mentalidade

A *Revista do Arquivo Municipal*, na sua edição de janeiro de 1936, publicou três discursos alusivos a mais um aniversário da cidade de São Paulo: um de Armando de Sales Oli-

---

[103] Duarte, *Mário de Andrade por ele mesmo*, p. 50.

veira, outro de Fábio da Silva Prado e um terceiro de Mário de Andrade. Cada um à sua maneira, eles abordam o tema da posição de São Paulo dentro da Federação, posição que como vimos era delicada, especialmente nos momentos que sucederam a chamada Intentona Comunista, ocorrida em novembro de 1935.

O discurso de Sales Oliveira tem os olhos voltados para o Palácio do Catete, sede do governo federal até a mudança da capital para Brasília: nesse mesmo ano de 1936 ele abandonaria o governo do estado para dedicar-se à sua candidatura à presidência da República. Dedica, portanto, quase todo o seu pronunciamento a reflexões sobre o momento nacional. Quanto à questão paulista, limita-se a quatro minguados parágrafos. Isso depois de, nos dois parágrafos introdutórios, chamar a cerimônia em que falava — realizada no Teatro Municipal com a presença de representantes dos ministérios do Exército e da Marinha — de "cordial demonstração de afeto, de respeito e reconhecimento às classes armadas da Nação", que "tiveram a lembrança de confundir a homenagem que recebem com a própria homenagem que queriam prestar a São Paulo, no dia em que comemoramos, com alegria e confiança, mais um aniversário da sua fundação". Transformando a comemoração do aniversário de São Paulo numa homenagem aos militares, o futuro candidato pretende eliminar a menor suspeita de ressentimento pela derrota militar sofrida pelo Estado em 1932. E é isso que continua pretendendo na sequência: as "luminosas tradições bandeirantes" são inofensivamente apresentadas como "uma riqueza para o Brasil", num tom que não denota qualquer resquício de tendências hegemonistas.

Bem diferente é o discurso de Fábio Prado, ditado ao microfone da Rádio São Paulo, quando oferece aos coestaduanos uma imagem de si mesmos e de sua relação com o Brasil. Para isso recorre a uma espécie de mito, ou ao que o historiador da arte holandês André Jolles chamou de "saga":

> Existe uma disposição mental em que o universo se constrói como família e se interpreta, em seu todo, em termos de clã, de árvore genealógica [...]. A base e o fundamento desse universo são os vínculos de sangue, a comunidade de sangue, a vingança no sangue, o casamento, a fraternidade, a parentela, a herança, o patrimônio, a hereditariedade [...] é esse universo que queremos designar quando empregamos a palavra saga.[104]

Refiro-me naturalmente à saga dos bandeirantes. É nesses ilustres ancestrais que o prefeito busca lastro para exaltar os brios dos paulistas de então e puxar por sua vocação de liderança em relação ao país. Curioso é que isso é feito através de uma imagem também fortemente sexual, uma metáfora subjacente ao texto, que vê São Paulo como agressivo amante-violentador de um Brasil feminilizado, da Pátria: "Vinte e seis anos apenas haviam decorrido depois do descobrimento do Brasil, quando a primeira bandeira paulista entrou pelo sertão. [...] A estrada fácil da orla marítima e do Tietê, há muito, vinha convidando o paulista com um magnetismo forte e a atraí-lo para a floresta misteriosa".

Temos aqui a imagem estereotipada da sedução feminina: a estrada, ao mesmo tempo fácil e misteriosa, convida o paulista e o atrai com seu magnetismo. Os termos usados reproduzem conhecidos lugares-comuns que, atribuídos à mulher, costumam ser usados para tentar justificar violên-

---

[104] Jolles, *Formas simples*, p. 69.

cias sexuais. O mar e o rio, traiçoeiros como as sereias e iaras que os habitam, encantam o sertanista, que, seduzido, não tem outro remédio senão entrar pelo sertão. Aliás, o movimento das bandeiras é referido todo o tempo como "a penetração", os bandeirantes como "penetradores". E, lê--se no mesmo discurso, "o ímpeto dos primeiros impulsos foi tal que só dois séculos depois começavam a frear-se". Que essa penetração tinha um caráter violento é coisa que ressalta das metáforas escolhidas: "a bota bandeirante a tudo pisava e desrespeitava com aquela rudeza [...] da velha gente paulista". E também da sucessão de símbolos fálicos associados a instrumentos agressivos: "retumba o eco dos facões [...] repercute o espoucar dos mosquetes [...] o ressoar compassado dos remos empurrando batelões para o centro da América Latina". Também é bem significativa a escolha da cor no seguinte trecho: "Tenho nos olhos o mapa das bandeiras traçado num mapa do Brasil. Os nomes dos penetradores paulistas estão escritos em vermelho. O mapa está inteirinho manchado de vermelho". Esses "ardorosos" (como são qualificados adiante) penetradores paulistas, pois, "mancharam de vermelho" o lençol... perdão, o mapa do Brasil, e com isso "dilatavam uma Pátria e denunciavam a plasmação rude de uma nova raça". E os paulistas de hoje podem se orgulhar de "quatro séculos de amor brasileiro".

Podemos acompanhar a facilidade com que aflora, nas imagens do texto, esta fantasia de Fábio Prado: um estupro da Pátria pelos bandeirantes paulistas, depois do qual aquela engravida (se "dilata"), gerando a nação brasileira. Como se vê, tal fantasia se enquadra perfeitamente no universo da saga descrito por Jolles: além dos vínculos de sangue, de herança, que ligam os paulistas aos bandeirantes, vemos o vínculo sexual, que ligaria São Paulo ao Brasil.

Mas a saga só culmina no momento presente do discurso, ou melhor, cabe aos ouvintes, a quem o discurso se dirige, fazê-la culminar. É quando, nos últimos parágrafos, Fábio Prado esclarece que não se trata mais de estabelecer um mapa do Brasil, mas de pintar "um mapa novo e maravilhoso, que é o mapa da brasilidade [...]. Daí as novas incursões pelo Brasil de hoje, com as bandeiras da nova mentalidade [...]. Esta, a etapa derradeira e essencial para a consolidação de um povo grande numa superfície enorme. É aquele casamento da alma com o corpo de que nos falava o padre Bernardes".

De novo, portanto, um casamento: mas não mais para gerar um corpo e sim para dotá-lo de alma. Esta, a função das novas bandeiras, propostas aqui como outra "etapa" de um mesmo processo, na qual, como veremos, o papel do Departamento de Cultura seria fundamental.

O discurso de Mário de Andrade também é bem diferente dos anteriores. Não tanto por efeito de contingências externas, como no caso das diferenças mostradas entre os outros dois, mas porque — como ouvimos Antonio Candido dizer — a "vanguarda cultural" não se identificava necessariamente com as manobras políticas do partido à sombra da qual ela prosperava. Sendo assim, todos os aspectos diretamente ligados à questão do poder (conciliação com os militares, no caso de Sales Oliveira; apelo às glórias belicosas dos bandeirantes, no caso de Fábio Prado) desaparecem na fala do diretor do Departamento de Cultura. Se alguma coisa ainda o liga tenuemente à alternativa político-social representada pelo Partido Constitucionalista, essa ligação terá de ser encontrada exclusivamente no plano das propostas culturais.

O primeiro contraste que salta aos olhos é que Mário de Andrade trata São Paulo no feminino: *a cidade* de São Paulo.

E as imagens que escolhe têm todas um caráter feminino: "Disseram-na fria e feia um dia, e São Paulo era feia encafuada em seus grotões. Mas São Paulo quer-se bonita e higiênica para que o viajante não venha mais encontrar nela apenas sapo, gripe e solidão". Em seguida, o escritor escolhe como metáfora a fonte, repetida quatro vezes na mesma frase: "São Paulo é sempre fonte sim..., fonte, fonte grande apenas, fonte total que pretende ser uma das reservas mais totalizadas do país". Outro ponto de contraste é o corte seco desferido na suposta continuidade histórica: "[...] São Paulo poderá dizer-se apenas recém-nascida. [...] O que é a cidade de São Paulo? [...] Não existe propriamente uma São Paulo, são várias as cidades de emergência que aqui existiram à beira do Anhangabaú. [...] Nada tem que ver a garoenta cidade jurídica com o centro de irradiação aventureira que foi buscar no sertão índio e esmeralda". A cidade, segundo Mário de Andrade, já não "dormita saudosistamente embevecida pela função histórica das bandeiras passadas".

O bonito trecho que fala da "psicologia dos caminhos" também desautoriza a ênfase de Fábio Prado na glória das incursões e penetrações dos antigos paulistas: "São frequentes entre nós as cidades cujos caminhos parecem apenas partir, ao passo que em outras os caminhos parecem apenas chegar [...]. Um desequilíbrio improvisado no presente, tornava assim os caminhos desprovidos de sua mais humana finalidade, o intercâmbio, a troca, a generosidade do ir e vir".

Há, porém, um ponto comum entre o discurso de Mário de Andrade e o de Fábio Prado. Encontramos esse ponto quando o diretor do Departamento de Cultura aborda as realizações da instituição:

Feito um polvo, as pesquisas sociais tudo abarcam com uma audácia incomparável [...]. E, sendo municipal, o Departamento de Cultura cresce e quer crescer, esculpido na fôrma do Brasil. Já emissários seus internam-se por Mato Grosso, em busca de conhecimentos ignorados [A referência aqui é à primeira expedição de Claude e Dina Lévi-Strauss, em 1935-1936, entre os Kadiwéu e os Bororo, parcialmente financiada pelo Departamento de Cultura]. Já do Rio lhe chegam decoradores e sambistas para as festas do Carnaval. Já do Recife lhe vêm receitas, melodias e instrumentos, de Minas e da Bahia especialistas; ao mesmo tempo que da sua atividade partem para divulgação no mundo, a pedido do Ministério do Exterior, estudos especializados sobre o Brasil.

A imagem do polvo é bastante pertinente: os emissários do departamento são os tentáculos; a parte central do polvo (onde ficam a cabeça e os olhos) é o próprio Departamento. A circulação pelos tentáculos se faz em ambos os sentidos, como mostram os verbos usados no trecho: algumas coisas "chegam" e outras "partem". Mas, apesar do contraste estabelecido no discurso, entre a desarmonia dos antigos caminhos bandeirantes, que só "iam", e os mais generosos caminhos de então, a "irem" e "virem", persiste na figura do polvo uma assimetria irreparável. Esta é que permite compará-la às "pesquisas sociais": o percurso de uma extremidade a outra de cada tentáculo é traçado sempre entre o sujeito e o objeto do conhecimento[105].

Vejamos mais de perto o "ir" e "vir" aqui descritos. O que "vem" é a informação particular, são os sambistas e as receitas, o Rio e a Bahia; o que "vai" é nada menos que o Brasil, a visão

---

[105] Mais uma vez, inspiro-me aqui nas observações de Foucault, em *Vigiar e punir*, sobre o Panóptico de Bentham.

do todo reconstituída pela posição central do observador. Em que pese o tom muito mais suave, que opõe a figura maternal da fonte à do penetrador agressivo, o discurso de Mário de Andrade fala, como o de Fábio Prado, de um projeto de "pintar o mapa da brasilidade". E pintá-lo numa tela paulista, isto é, utilizando as técnicas cartográficas recém-introduzidas em São Paulo: as técnicas de pesquisa sociológica e etnográfica.

*

Em 1936, o Departamento de Cultura inicia seu primeiro curso livre: um curso de etnografia ministrado por Dina Lévi-Strauss.

O discurso proferido por ocasião da inauguração desse curso é um documento sem assinatura, mas evidentemente (pelas circunstâncias, pela ortografia e pelas ideias expostas) de autoria de Mário de Andrade. Vale a pena transcrevê-lo quase na íntegra:

Senhores:

O D.M.C. inicia agora o primeiro de seus cursos livres, propondo como objetivo de nossas cogitações a Ciência da Etnografia. Não foi ao acaso que escolhemos a Etnografia, ela se impôs. Quem quer que, mesmo diletantemente como eu, se dedique a estudos etnográficos e procure na bibliografia brasileira o conhecimento da formação cultural do nosso povo, muitas vezes desanima pensativo, diante da facilidade, da leviandade detestável, da ausência muitas vezes total de orientação científica, que domina a pseudo-etnografia brasileira...

E é principalmente nisto, na colheita de documentação popular que a enorme maioria dos nossos livros etnográficos é falsa. E é justamente nisso que temos de melhorar a nossa produção imediatamente, enquanto o progresso e o internacionalismo não destroem os nossos costumes e as bases culturais da nossa gente.

Porque não nos importa ainda que nos orgulhemos de grandes monumentos científicos da Etnografia, da altura dum Frazer, dum Tylor, dum Lévy-Bruhl. Esses monumentos virão a seu tempo, e somente quando tivermos a nosso dispor, documentação legitimamente científica. Colher, colher cientificamente nossos costumes, nossas tradições populares, nossos caracteres raciais, esta deve ser a palavra de ordem de nossos estudos etnográficos, e num sentido eminentemente prático vão se orientar os trabalhos deste Curso de Etnografia, que o DMC está iniciando. E que a nossa decisão foi acertada, prova cabalmente a vossa anuência, este afluxo inesperado de estudiosos que ultrapassou de muito a nossa expectativa.[106]

Por que a etnografia "se impôs" como tema do primeiro curso livre do Departamento de Cultura? Porque este é presa da "pretensão ambiciosa de tudo saber sobre o Brasil", como disse seu diretor no outro discurso que citei, o de 25 de janeiro. E essa pretensão esbarra na "ausência de orientação científica que domina a pseudoetnografia brasileira". Não se trata da ausência de grandes obras científicas de caráter teórico, de grandes sínteses, que Mário de Andrade tinha por inadequadas ao momento, como vimos no capítulo 1. Essa ausência consiste principalmente no caráter "falso" da "colheita de documentação popular". O momento é eminentemente empírico: trata-se de "colher, colher cientificamente". O curso propiciará, pois, a orientação capaz de estabelecer de maneira fidedigna nossos "caracteres raciais", contribuindo assim para pintar o mapa da brasilidade[107].

---

106 Acervo Histórico da Discoteca Oneyda Alvarenga, Fundo da Sociedade de Etnografia e Folclore, caixa 1, documento 3.

107 Note-se a semelhança entre a preocupação de Mário de Andrade com metodologia de pesquisa e a atitude que se constata no artigo de Samuel

Entre os formados pelo curso estava um jovem arquiteto amigo de Mário de Andrade, chamado Luís Saia. É ele quem vai chefiar, dois anos depois, a Missão de Pesquisas Folclóricas que o departamento enviará ao Nordeste. É aqui que a expressão "bandeiras da nova mentalidade", usada por Fábio Prado em seu discurso, assume um significado quase literal. A Missão é o principal fruto prático do curso de etnografia.

Ela foi planejada em 1936 para partir em 1937, mas só parte no início de 1938. Em que consistia seu trabalho? Podemos acompanhá-lo através da cobertura que a imprensa fazia nos locais por onde ela passava. Diz Luís Saia:

> Colhemos de tudo e do melhor: cantos de carregadores de piano, bumba-meu-boi, chegança, cantos de pedintes, cantadores e vasto material de xangô [...] Colhemos, ainda, farto material sobre a técnica primitiva de fabricação de redes e tratamento de mandioca, produção de farinha etc. Estamos de posse de um riquíssimo material de peças de escultura em madeira [...] Vamos agora até o Acre. Outra comissão vai até Mato Grosso, outra se embrenhará pelos sertões de Goiás e Minas Gerais, [algumas peças] já estão seguindo para o nosso museu em São Paulo, onde ficarão à disposição dos estudiosos do assunto.[108]

À música folclórica era dispensada a maior atenção. Deve-se relacionar isso à afirmação feita por Mário de Andrade,

---

Lowrie sobre a "Assistência Filantrópica na Cidade de São Paulo", citado acima. Trata-se, em ambos os casos, de indicar procedimentos operacionais que racionalizem a colheita de dados, numa luta constante contra a vigência de hábitos assistemáticos, alheios ao rigor científico que se pretendia adotar.

108 "As atividades da Comissão do Departamento de Cultura de São Paulo". Entrevista de Luís Saia a jornal pernambucano não identificado, março de 1938.

segundo a qual "a música popular brasileira é a mais completa, mais totalmente nacional, mais forte criação da nossa raça até agora"[109]. Esses atributos a tornam particularmente importante para a Missão, que nela vai encontrar mais nítidos e definidos os "caracteres raciais" em cujo estabelecimento estava empenhada: "o Departamento de Cultura de São Paulo dá uma importância real às pesquisas folclóricas, compreendendo que elas constituem a verdadeira base da investigação histórica acerca de qualquer povo, fornecendo os elementos puros para uma perfeita reconstituição da vida e costumes primitivos"[110]. Essa identificação entre "povo" e "primitivo", já percebida em Mário de Andrade por Eduardo Jardim, se relaciona com a escolha da antropologia de cunho evolucionista (Frazer, Tylor, Lévy-Bruhl) como lente privilegiada na procura da entidade nacional[111].

Prossegue Luís Saia, agora pela *Folha da Manhã*: "E vale frisar que não se trata de uma obra de um estado, como possa à primeira vista parecer, pelo simples fato de partir de São Paulo, porque a sua finalidade é mais que tudo nacional, por excelência. Tudo quanto formos procurando e angariando para o objetivo a que nos propomos, será devidamente publicado e divulgado em todo o país"[112].

Note-se que ele está se dirigindo a um público que se constitui, de certa forma, no detentor de seus interesses de pesquisa. A prudência recomenda realçar o caráter, digamos, altruísta da expedição, amenizando qualquer suspei-

---

[109] *Ensaio sobre a música brasileira*, p. 24. A mesma ideia aparece em *Aspectos da música brasileira*, p. 31.

[110] Luís Saia na já citada entrevista.

[111] Jardim, *A constituição da ideia de modernidade no modernismo brasileiro*, pp. 74-139.

[112] Entrevista de Luís Saia à *Folha da Manhã*, Recife, 15 fev. 1938.

ta de hegemonismo paulista. O que quero ressaltar é que justamente essa "finalidade nacional" da Missão, é que a torna importante também para São Paulo, pois assim o estado assumia tarefas nacionais, exercitando um papel de predomínio cultural. Esse papel implicava uma mudança de atitude da cultura letrada, dos intelectuais, em relação à cultura popular. Tal mudança pode ser aferida na correspondência entre Luís Saia e Mário de Andrade, em que o primeiro relata obstáculos políticos (já estávamos em pleno Estado Novo) e ideológicos:

> Aqui no Recife foi absolutamente necessário entrar em contato com o mundo oficial. O Agamenon [Magalhães, interventor em Pernambuco] me tratou muito bem, porém parece que a política dele é deixar o barco ser levado pela corrente que escolheu para as secretarias [...]. Dos secretários o que está mais em contato com a batina é o Manuel Lubambo com a sua turma ultradireita da revista *Fronteiras* [...]. Imediatamente ele me deu a entender que se a Missão não quisesse ser embaraçada no seu trabalho aqui no Estado de Pernambuco eu deveria me afastar o mais possível do Gilberto Freyre ou de qualquer outro elemento que não fosse da turma de *Fronteiras*. Qualquer desobediência da minha parte em relação a este pedido prejudicaria completamente o trabalho da missão, pois os padres estão dando as cartas. Ora, essa turma católica é ariana e erradíssima. Por imposição dela foram fechados os xangôs e apreendido todo o material das sessões.[113]

Confrontam-se aqui dois tipos de atitude diante da cultura popular: digamos, a policial e a científica. Uns mandam a

---

113 Carta de Luís Saia a Mário de Andrade, Recife, 16 fev. 1938. Acervo Histórico da Discoteca Oneyda Alvarenga.

polícia fechar os cultos afro-brasileiros que outros pretendiam estudar. Mas é curioso ler em outra carta de Saia a Mário de Andrade como se dá uma aliança involuntária entre as duas perspectivas: "Quanto ao xangô, apesar da situação completamente desfavorável imperando por aqui, pois foram fechados os terreiros e apreendido o material do culto, consegui arrumar um no bairro mucambeiro da Casa Amarela. Para isso arrumei amizade com o Delegado de Polícia que também ofereceu pro Departamento grande parte do material apreendido. Coisa de vasto valor"[114].

Mário de Andrade já tinha detectado os obstáculos ideológicos que seu conceito de "nacional" enfrentava, em suas viagens de "turista aprendiz" na década de 1920, das quais a Missão de Pesquisas Folclóricas é de certa forma a continuação. Como quando descreve a cerimônia, em Natal, em que teve o corpo "fechado":

> A cerimônia, cuja bulha à chegada dos espíritos ninguém não pode prever, foi no fundo da casa, bem protegida da polícia. Aliás, tenho mesmo que prevenir aos leitores pra não fazerem juízo falso de Natal. Meu encontro com os dois catimbozeiros que me proporcionaram os informes e a cerimônia descritas aqui foi um acaso. Natal não é mais catimbozeira que as outras cidades deste mundo.[115]

Não só a polícia persegue o catimbó, como um leitor paulista poderia fazer mau juízo de Natal, ao saber que lá existem tais cultos. Do mesmo modo, alguma autoridade natalense poderia ficar ofendida achando que o escritor, ao relatar

---

114 Carta de Luís Saia a Mário de Andrade, 26 fev. 1938.
115 *Táxi e crônicas no Diário Nacional*, p. 251.

essas experiências potiguares, difamava Natal. É que tais manifestações eram consideradas, por parte da opinião pública, índices de primitivismo, como notou o escritor em outro lugar[116].

No conceito de nação que a Missão de Pesquisas Folclóricas busca estabelecer quando estuda xangôs, caboclinhos e bumba meu boi, está presente, do mesmo modo que no discurso de Fábio Prado que discutimos acima, uma ideia de herança, de antepassados. Só que, para ela, esses antepassados são negros, indígenas e mestiços, ao passo que naquele discurso os antepassados, bem ao contrário, são bandeirantes que andaram "ali abrindo fazendas, acolá arrasando tabas; mais para o norte destruindo mocambos negros"[117]. E, ponto importante: a relação com essa herança é proposta, no caso da Missão, sob a forma de um avanço no conhecimento e não sob a forma de uma saga que precisa ser rematada no presente.

A relação que Mário de Andrade propunha estabelecer com a cultura tradicional e popular não deve ser confundida com uma visão conservadora do gênero "voltar às raízes"; pelo contrário, essa relação só era possível de uma perspectiva "moderna". Aí reside sua afinidade com Fábio Prado: ambos pretendiam fazer de São Paulo o depositário de um conhecimento sobre o Brasil, ambos pretendiam, no fim das contas, articular um Brasil a partir de São Paulo.

No caso de Mário de Andrade, porém, o que importava era mesmo articular um Brasil, fosse de onde fosse. Se tentou

---

116 *Danças dramáticas do Brasil*, v. 1, p. 70: "E como em Paris, Nova York e São Paulo não se usa danças dramáticas, o Recife, João Pessoa e Natal perseguem os Maracatus, Caboclinhos e Bois, na esperança de se dizerem policiadas, bem-educadinhas e atuais".

117 *Revista do Arquivo Municipal*, v. XIX, jan. 1936, p. 19.

fazê-lo a partir de São Paulo, é porque as circunstâncias para isso conspiraram. Como se sabe, ele escreveu em 1936 um famoso anteprojeto para a criação do Serviço do Patrimônio Histórico e Artístico (atual Iphan), anteprojeto no qual as atividades da Missão de 1938 estavam prefiguradas[118]. Caso esse ambiciosíssimo projeto tivesse sido posto em prática, a cidade onde se centralizariam os conhecimentos produzidos não seria São Paulo, mas a capital da República, então comandada pelo principal inimigo dos constitucionalistas paulistas, Getúlio Vargas.

Em todo caso, se a articulação do Brasil através do conhecimento do povo estava no horizonte dos constitucionalistas, eles próprios não foram capazes de formular isso com clareza em seus discursos políticos, nem, sobretudo, de sustentar esse projeto consequentemente. Fábio Prado deixa entrever essa incapacidade quando recorre ao heroísmo bandeirante para justificar o hegemonismo paulista do presente, o que revela uma concepção muito menos refinada e sutil do problema — e demonstra que ele ainda tem um pé (ou um dedo do pé, que seja...) na rude bota que "a tudo pisava e desrespeitava".

A Missão estava a pleno vapor quando, após a implantação do Estado Novo, Mário de Andrade é desligado da direção do Departamento de Cultura. Armando de Sales e Fábio Prado partem para o exílio, e o escritor se muda para o Rio de Janeiro. A Missão volta para São Paulo antes do previsto. Nas décadas seguintes, o rico acervo reunido por ela esteve longe de receber a atenção a que fazia jus. Mas graças à dedicação de Oneyda Alvarenga, que era diretora

---

118 O texto do "Anteprojeto..." foi disponibilizado em fac-símile pela *Revista do Patrimônio*, n. 30, 2002.

da Discoteca Pública que hoje leva seu nome, e que permaneceu no posto apesar da nova situação política, pouca coisa se perdeu.

Durante um breve lapso de tempo, Mário de Andrade permaneceu no cargo de diretor da Divisão de Expansão Cultural, que ele antes acumulava, agora sob as ordens de Francisco Pati, novo diretor do departamento. Nessa condição, procurou salvar do naufrágio o que fosse possível, defendendo diante do sucessor a importância da Missão que estava subordinada àquela divisão:

Ousa ainda esta Chefia lembrar que o trabalho que se está realizando não escapa do âmbito de cultura do Município.

A documentação colhida fica em São Paulo, e será objeto de estudos para os Paulistas precipuamente. E se cuidamos todos na atualidade de abrasileirar o Brasil e torná-lo uma entidade realmente unida, talvez não haja no país região mais afastada da essencialidade nacional que esta região de São Paulo, a mais cruzada de imigrantes de várias proveniências. Nada mais justo que buscarmos as fontes de nossas tradições, onde elas ainda sobrevivam. O ano passado já as crianças italianas, espanholas, russas, húngaras dos Parques Infantis, realizavam o baile tradicional da Nau Catarineta, com elementos nordestinos pertencentes ao já importante acervo conseguido pela Discoteca. Futuramente, com a colheita que a Missão está fazendo, São Paulo possuirá uma base para estudo de nossas tradições populares, absolutamente incomparável no país.[119]

---

[119] Exposição dos atos e consequências da Missão Folclórica atualmente em viagem pelo Norte do Brasil, 23/05/1938, na correspondência da Missão de Pesquisas Folclóricas, n. 29. Acervo Histórico da Discoteca Oneyda Alvarenga, São Paulo. Vale a pena registrar também como, no fim dessa mesma exposição, Mário de Andrade vai abandonando os argumentos "culturais" e,

A argumentação procura demonstrar a importância da Missão de Pesquisas Folclóricas de um ponto de vista, por assim dizer, mesquinhamente estadual, por estar dirigida a uma nova autoridade, para quem não importa que São Paulo assuma tarefas culturais de cunho nacional. Ela diz que São Paulo, por ser o ponto mais afastado da "essencialidade nacional" devido a seu caráter cosmopolita, precisa buscar fora de si os elementos da brasilidade (como o regatão peruano Venceslau Pietro Pietra em *Macunaíma*[120]). E que esses elementos, uma vez reunidos, tornarão a cidade detentora de um saber sobre o país. A posição de afastamento, então, se é vivida como uma lacuna, acaba servindo também de ponto privilegiado, como o alto de uma montanha, de onde se pode descortinar toda a paisagem, ou como o centro do Panóptico descrito por Michel Foucault em *Vigiar e punir*, onde ninguém está e de onde todos são visíveis.

Mesmo "amesquinhada" assim, a argumentação de Mário de Andrade estava além do estreito campo de visão das novas autoridades paulistas. Ela só podia ser compreendida dentro de um projeto mais ambicioso, como esclarecia o vereador Vicente de Azevedo defendendo o Departamento de Cultura na Câmara Municipal de São Paulo em 1936:

> Porém, os precursores são sempre atacados e vilipendiados. As críticas que se fazem ao élan de expansão cultural desse

---

em desespero de causa, meio que apela de qualquer maneira: "as despesas principais já foram feitas... Que se não realizem outras missões no futuro, mas que se termine o que está em meio". É dramático. Fico imaginando o que não deve ter custado ao orgulho de Mário de Andrade (sobre esse orgulho veja-se, por exemplo, *Cartas a Murilo Miranda*, p. 30-1) ter que se dirigir nestes termos a seu sucessor no Departamento de Cultura.

[120] Como diz o próprio Pietro Pietra ao herói: "— Regatão uma ova, francesa! Dobre a língua! Colecionador é que é!" (*Macunaíma*, p. 64).

Departamento são injustas, porque ele está desempenhando um papel que não pode nem deve ser ignorado. [São Paulo] tem uma grave responsabilidade sobre os seus membros. Daqui deverão partir todos os impulsos de aperfeiçoamento, sobretudo intelectual e moral, se quisermos obter e conservar o nosso lugar de primazia na Federação.[121]

---

[121] "Pela cultura", *Revista do Arquivo Municipal*, v. XXVIII, out. 1936, p. 306.

Conclusão

Um escritor difícil

Gostaria, para finalizar, de assinalar mais uma vez os pontos de referência que orientaram minha incursão ao denso cipoal da obra de Mário de Andrade. Pois não há dúvida de que se trata de obra intrincada, contraditória; como diz o "Lundu do escritor difícil"[1], é um "caçanje", um "angu de caroço", escuro buraco vedado por

> cortina de brim caipora
> com teia caranguejeira
> e enfeite ruim de caipira,

exigindo de quem nele se embrenha que seja um pouco tatu.

Tive, portanto, ao longo deste trabalho duas preocupações fundamentais:

1) Situar Mário de Andrade como organizador da cultura. Vimos que este aspecto, no escritor, não é contingencial, episódico, nem extrínseco às suas mais profundas aspirações intelectuais. Ao contrário, a literatura e o ideário de Mário de Andrade — tanto quanto sua vida pública — não podem ser compreendidos sem referência ao decisivo papel neles desempenhado pela crítica do ambiente cultural em que viveu e pela luta por sua transformação. A investigação mostrou que esse papel atinge um clímax quando Mário de Andrade se torna diretor do Departamento de Cultura do Município de São Paulo, o que me levou a dedicar grande espaço à análise das atividades desta durante sua gestão. O pano de fundo político que emoldura

---

1 Em *Poesias completas*, v. 2, pp. 242-3.

a experiência do departamento é a ascensão ao poder em São Paulo da hesitante facção liberal burguesa encarnada no Partido Constitucionalista. Procurei situar a complexidade da simbiose que se estabelece entre a liderança desse partido e o grupo de intelectuais chamado a dirigir a instituição. Destaquei nesse ponto a importância que a questão cultural assume no esboço de projeto hegemônico dos constitucionalistas paulistas, que procuravam, entre ambiguidades e recuos diante do autoritarismo getulista, redefinir o papel de seu estado no seio da Federação: de potência econômica ("locomotiva") a liderança intelectual e moral ("cérebro") — escusado dizer que não se trata de papéis mutuamente excludentes.

O estudo do Departamento de Cultura levou a que nos afastássemos bastante da figura do escritor, optando por adotar como interlocutores outras personalidades que participaram da direção do organismo e por estudar aspectos deste que não tinham relação imediata com seu diretor.

Tal opção requer alguns esclarecimentos. Não é pelo simples fato de que Mário de Andrade estivesse profissionalmente ligado ao Departamento que se pode aprender, do que aconteceu naquela instituição, alguma coisa sobre ele como intelectual. Aprendemos sobre o escritor em primeiro lugar na sua obra, no legado que nos deixou, no que para nós hoje *é* Mário de Andrade. E foi nessa obra que percebi (como exposto no capítulo 2) sua necessidade de passar da "arte-ação" à "ação cultural", de suprimir a própria obra escrita para dar lugar, por assim dizer, a uma obra vivida, totalmente voltada para a imediatez dos problemas culturais de seu tempo e lugar. Foi no texto de Mário de Andrade que descobrimos o Departamento de Cultura não como um emprego a mais, um ganha-pão alheio à sua vida verdadeira de escritor e poeta, mas como a satisfação de uma exigência que habitava o cerne dessa vida, um desenvolvimento dela, sua continuação por outros meios. Evidentemente, isso não quer dizer que tudo que foi dito ou feito por funcionários do departamento possa ser atribuído a seu diretor.

De fato, este trabalho apresenta algumas facetas da atividade do departamento que não é, de modo algum, ponto pacífico associar à figura de Mário de Andrade. Mostramos a instituição ligada a uma concepção do ato de governar que, naquele momento e lugar, representava uma novidade e se caracterizava por:

a) apelo à racionalidade científica como garantia de eficácia político-administrativa, e refinamento dos métodos estatísticos que possibilitam conhecer com o máximo de minúcia individualizante as condições da população;

b) aparecimento da "vida do cidadão" como tema político, o que se reflete na transformação do tempo de não trabalho, das diversões, do esporte, da infância e sua socialização etc. em objeto das preocupações do governo. Em outras palavras, há uma redefinição da esfera pública, que é ampliada de modo a incluir sob o controle do Estado atividades que até então se exerciam fora de tal controle.

Nesse ponto, recorri a conceitos de Michel Foucault, como "disciplinarização da sociedade" e "governamentalização do estado", que me pareceram adequados à descrição dos processos através dos quais a referida concepção se impôs. Esses processos devem ser incluídos entre as inúmeras transformações por que passavam o Estado e a sociedade brasileiras a partir de 1930. Que eles não se restringiam à cidade de São Paulo pode-se notar estudando, por exemplo, a experiência de Anísio Teixeira à frente da Instrução Pública no Distrito Federal, de 1931 a 1935. O tipo de reforma que este procurou encaminhar também se baseava numa concepção disciplinar:

A autoridade pessoal cedera lugar às conclusões dos inquéritos [...]. A primeira iniciativa foi estabelecer por análises e inquéritos um censo de discriminação, diferenciação e classificação de escolas, até então inexistente. [...] Criou-se o serviço de matrícula, frequência, estatística e obrigatoriedade, e passou a receber tratamento objetivo a integração entre promoção e classificação de alunos.[2]

A novidade representada no Brasil da década de 1930 pelas pesquisas estatísticas e pelos levantamentos de dados sobre a situação das classes populares — assim como a reação desconfiada destas diante de tais novidades — também se expressa divertidamente num samba composto em 1940 por Assis Valente, "Recenseamento":

> Em mil e novecentos e quarenta,
> Começaram lá no morro o recenseamento
> E o agente recenseador
> Esmiuçou a minha vida que foi um horror
> Olhou a minha mão sem aliança,
> Encarou para a criança que no chão dormia
> E perguntou se o meu moreno era decente,
> Se ele era do batente ou era da folia

A composição mostra o ponto de vista do recenseado, que por assim dizer recenseia o recenseador, olhando para o olhar deste. Note-se a sucessão de verbos: o agente esmiuçou/olhou/encarou/perguntou. Diante de tanta curiosidade, a mãe solteira do morro, do batente e da folia não tem outro remédio senão entregar tudo:

---

2 Lima, *Anísio Teixeira, estadista da educação*, pp. 101 ss.

Fiquei pensando e comecei a responder
Tudo tudo de valor que o meu Brasil me deu
Tem Corcovado, pano verde-amarelo,
Pão de Açúcar sem farelo — tudo isso é meu!
Tem feriado que pra mim vale fortuna,
Retirada da Laguna vale um cabedal...
Tem Pernambuco, tem São Paulo, tem Bahia,
Um conjunto de harmonia que não tem igual!

A irônica lista patrimonial apresentada pela personagem faz lembrar que quem pergunta o que quer, ouve o que não quer. Lembra também que há mais coisas entre as intenções e entendimentos de quem pergunta e de quem responde nas pesquisas sociais do que supõem alguns vãos admiradores de estatísticas. No caso do Departamento de Cultura, importa notar que "respostas" como as da canção de Assis Valente, e das canções e poesias de tantos outros músicos populares daquele tempo e de hoje, eram exatamente o que procurava a Divisão de Expansão Cultural, com suas missões etnográficas pelo interior do Brasil. Respostas assim não seriam, ao que tudo indica, do tipo esperado pela Divisão de Documentação Histórica e Social. Mas com todo o "circo de horrores" foucaultiano que sugeri encontrar na nova administração "racionalizada" em São Paulo nos anos 1930 — como me disse anos atrás, com seu humor característico, meu orientador César Guimarães —, o fato é que Samuel Lowrie e Bruno Rudolfer fizeram, na referida Divisão de Documentação (e com apoio da Escola Livre de Sociologia e Política), uma das primeiras pesquisas sobre o custo de vida nas classes populares da cidade[3]. E que a pesquisa então feita foi tomada

---

3 Os resultados foram publicados na *Revista do Arquivo Municipal*, LI, out. 1938.

como base para a oficialização, a partir de 1939, de um Índice de Custo de Vida na capital paulista, em que se baseou o estabelecimento, pela primeira vez, de um salário-mínimo na cidade[4].

Entre as canções e o custo de vida, é possível conceber o que se passava no Departamento de Cultura como parte de uma luta, ou como diz Richard M. Morse, de uma "transação" que se verifica no Brasil "entre uma ética social persistente e os pré-requisitos morais e organizatórios necessários a qualquer sociedade industrial"[5]. É nesse ponto que, parece-me, podemos compreender a participação de Mário de Andrade, uma vez que apontamos na sua obra a luta pela afirmação, no plano da política cultural, da mesma espécie de pré-requisitos. Mas — e será mesmo necessário ressaltar isso? — não se pretendeu aqui reduzir o autor de *Macunaíma*, com toda sua inesgotável riqueza, à rasteira e pouco simpática condição de agente das disciplinas. Ao contrário, procurei contribuir para o esclarecimento de algo com que a pesquisa se deparou, surpreendida, como diante de um enigma desafiador: como é possível que ambos — Mário de Andrade e disciplinas — tenham se encontrado lado a lado? Sobre que bases repousa essa intrigante contiguidade histórica? Contiguidade, de resto, momentânea, porque o diretor do Departamento de Cultura, e tudo que se ligava a ele mais diretamente, saiu da cena política paulistana com o advento do Estado Novo, enquanto muitas das inovações admi-

---

4 Para ser exato, esta foi a segunda pesquisa. A primeira tinha sido realizada em 1934 pelo professor Horace B. Davis, da mesma Escola Livre de Sociologia e Política, antes que o Departamento de Cultura estivesse organizado. Em 1939, optou-se por usar a estrutura do trabalho de Lowrie/Rudolfer, considerada mais completa e adaptada aos novos fins, como base para a pesquisa a partir da qual se divulgaria o Índice do Custo de Vida (Kirsten, *Estudos econômicos*, p. 171).

5 Morse, *Formação histórica de São Paulo*, p. 409.

nistrativas que estudamos no capítulo 3 tiveram continuidade. Segundo Paulo Duarte, a Divisão de Documentação Histórica e Social foi a única que recebeu atenção da nova administração, e Nicanor Miranda, chefe da Subdivisão de Parques Infantis, "aderiu inteiramente à nova situação"[6].

Não tenho a mínima pretensão de ter respondido às perguntas do parágrafo anterior. Em compensação, espero ter mostrado que aspectos da ação do organismo, e principalmente da sua Divisão de Expansão Cultural — cuja direção Mário de Andrade acumulava com a direção geral do Departamento —, refletiam questões presentes em sua obra literária; que, em resumo, esses dois momentos do autor de *Macunaíma* se iluminam mutuamente, e sua comparação é fonte de fecundos *insights*. O que leva ao meu segundo objetivo fundamental:

2) Oferecer uma interpretação do sentido geral que Mário de Andrade procurava imprimir a seu labor organizativo. A palavra *organizar*, à primeira vista, é neutra em relação a conteúdos; ela não se pronuncia sobre para quê, em torno de que objetivos ou a que papel social e histórico se prestará sua aplicação em cada caso. Minha investigação mostrou, porém, que para Mário de Andrade a organização era um valor em si mesma, considerando-se que seu diagnóstico da situação cultural brasileira apontava na falta de *caráter* (com todas as metáforas relativas a firmeza, solidez, norma, fixidez, tradição, caminho etc. que, como vimos, ele faz associar a essa palavra) a raiz das precariedades sentidas. É que a dimensão assumida pelo problema da organização da cultura na trajetória de Mário de Andrade já é uma manifestação da dicotomia básica que, no capítulo 1,

---

6 Duarte, *Mário de Andrade por ele mesmo*, pp. 102 e 105.

vimos percorrer sua obra. O referido problema aparece metaforicamente na luta da *Europa* organizada contra o *Brasil* desorganizado, e na busca da fecundidade do elemento *Terra* contra o sufocante predomínio do elemento *Ar*. E a atividade do Departamento de Cultura se insere perfeitamente no programa que vimos, naquele capítulo, ser traçado por Mário de Andrade: dar *alicerces* à vida cultural em nosso país, estudar *analiticamente* a diversidade nacional, dar instrumentos *técnicos* aos jovens intelectuais antes de confiar na autossuficiência de seu *talento*, e assim por diante.

Por fim, uma ressalva. Não ignoro a existência, na obra de Mário de Andrade, de importantes passagens apontando no sentido de uma rejeição da civilização moderna[7]. Essas passagens poderiam ser invocadas contra o argumento principal que estive desenvolvendo. Creio, no entanto, que elas podem ser integradas a esse argumento como uma espécie de face oculta, de questionamento ou antítese subterrânea que apenas aflora à superfície de longe em longe, sem desafiar abertamente o predomínio da tese, da face visível, e sem tampouco procurar um acordo com ela ou uma possível síntese, mas tirando sua força justamente dessa falta de compromisso com o possível que caracteriza as faces ocultas. Digo que se trata da "face oculta" não porque quantitativamente ela ocupe (como de fato ocupa) um lugar menor no conjunto dos textos do escritor; o que quero sublinhar é que não é ela que dirige seu combate

---

7 Tanto uma rejeição intrínseca a ela, como uma rejeição condicionada por sua possível inexequibilidade no Brasil. Veja-se, por exemplo, *Táxi e crônicas no Diário Nacional*, p. 276. Ou o poema "Brazão" (*Poesias completas*, v. 2), e sua brilhante análise por Victor Knoll (*Paciente arlequinada*, pp. 198 ss.). Ou ainda a famosa passagem sobre a amazônica "civilização da paciência e da preguiça", numa carta a Manuel Bandeira (*Cartas a Manuel Bandeira*, p. 273).

político-cultural. Quis demonstrar que a coerência entre a vida pública de Mário de Andrade — sua atuação em cargos oficiais, mas também seu proselitismo epistolar, suas conferências, sua devoção à pesquisa folclórica, sua liderança intelectual — e sua vida de escritor (mas como soa forçada a distinção entre as "duas vidas" neste caso!) —, tal coerência, dizia, está relacionada com a afirmação da coluna "moderna" do nosso eixo de metáforas.

Mas é nessa face oculta que o pensamento de Mário de Andrade se desloca de seu pragmatismo brasileirista e se orienta mais largamente no sentido de uma crítica da civilização contemporânea. O próprio personagem-título de *Macunaíma* deixa de ser expressão de mazelas unicamente nacionais e se torna parte de uma galeria universal de "heróis sem nenhum caráter" — como fica claro numa crônica escrita em 1931 sobre o palhaço Piolin, que os modernistas tanto admiravam:

A comicidade de Piolin evoca na gente uma entidade, um ser. E de tanto maior importância social que essa entidade converge pra esse tipo psicológico geral e universalmente contemporâneo do ser abúlico, do ser sem nenhum caráter moral predeterminado e fixo, do ser "vai na onda". O mesmo ser que, apesar das suas especificações individuais, representam Carlito, Harry Langdon, os personagens do *Ulisses*, os de Proust e as tragicômicas vítimas do relativo que Pirandello inventou. Nessa ordem geral do ser humano, que parece criada pela inquietação e pelas enormes perplexidades deste fim de civilização, ser que nós todos profundamente sentimos em nós, nas nossas indecisões e gestos contraditórios, é que o tipo criado por Piolin se coloca também.[8]

---

8 *Táxi e crônicas no Diário Nacional*, p. 404.

Para aprofundar esse aspecto do pensamento de Mário de Andrade seria necessário, porém, escrever outro livro... Em vez disso, ficando por aqui e me dando provisoriamente por satisfeito, volto brevemente ao "Lundu do escritor difícil". Eis como termina o poema:

Não carece vestir tanga
Pra penetrar meu caçanje
Você sabe o francês *"singe"*
Mas não sabe o que é guariba?
Pois é macaco, seu mano
Que só sabe o que é da estranja.

Aparentemente existe aqui uma defesa do "Brasil autêntico", indígena, simbolizado por uma palavra de origem tupi, "guariba", contra os que se deixam fascinar pela civilização europeia e só têm ouvidos para o francês. De fato, esta é uma posição que o senso comum muitas vezes atribui a Mário de Andrade. No entanto, as palavras referidas no texto para estruturar o contraste são *"singe"* e "guariba", isto é, "macaco". Essa escolha não é nada inocente: ela contém, a meu ver, a ideia mais importante do final do "Lundu" (que, como se sabe, é um gênero de canção popular cômica ou satírica) — a alusão ao verbo "macaquear", imitar. Ou seja, sugere-se que quem "não sabe o que é guariba" acaba agindo como guariba: macaqueando o francês sem ser francês, pretendendo ser "refinado" e "civilizado", mas não conseguindo, no fim das contas, ultrapassar a condição de macaco. Mas para entender esse "caçanje", essa língua mestiça, "não carece vestir tanga": para nosso autor, o verdadeiro civilizado — ou seria o caso de dizer aqui "humanizado?" — pode ou não andar de tanga, mas em todo caso, *sabe* o que é guariba. Não sabê-lo — sabendo apenas "o que é da estranja" — é ruim exatamente porque nos veda o acesso à plena condição humana. Chegamos assim à conclusão aparentemente paradoxal de que — pelo menos no contexto desse poema — a palavra francesa *singe* deveria ocupar, na coluna dupla de metáforas que vemos atravessar a obra de Mário de Andrade, a posição... da esquerda, correspondente ao *Brasil*, enquanto a palavra tupi *guariba* ocuparia a posição da direita, cuja matriz imaginária é a *Europa*. Pois, como espero ter mostrado, para Mário de Andrade a atitude característica de um *Brasil* macunaímico é deixar-se fascinar por um verniz de *Europa*; ao passo que a atitude que ele luta por valorizar — usando para isso o que for necessário, até mesmo a "solidez da ciência alemã" — é a busca pelo conhecimento e pela construção da "entidade nacional".

Referências

Obras de Mário de Andrade

Na lista de obras de Mário de Andrade que se segue, forneço as referências que empreguei neste livro e, em alguns casos, acrescento entre colchetes edições mais recentes ou que considero mais autorizadas.

I. Das *Obras Completas*

Em vinte volumes cuja edição foi projetada pelo próprio escritor e realizada inicialmente pela Livraria Martins Editora, São Paulo, com diversas reedições:

Aspectos da literatura brasileira. São Paulo: Livraria Martins Editora, 1978.

Aspectos da música brasileira. São Paulo e Brasília: Livraria Martins Editora e Instituto Nacional do Livro, 1975.

Contos novos. São Paulo: Livraria Martins Editora, 1976.

Danças dramáticas do Brasil, v. 1, 2 e 3. Belo Horizonte e Brasília: Itatiaia e Instituto Nacional do Livro, 1982.

Ensaio sobre a música brasileira. São Paulo e Brasília: Livraria Martins Editora e Instituto Nacional do Livro, 1972. [*Ensaio sobre música brasileira*. São Paulo: Editora da Universidade de São Paulo, 2020, edição organizada por Flávia Toni.]

Macunaíma. São Paulo: Livraria Martins Editora, 1978. [Rio de Janeiro: Agir, 2008, edição organizada por Telê Ancona Lopez e Tatiana Longo Figueiredo.]

Música, doce música. São Paulo e Brasília: Livraria Martins Editora e Instituto Nacional do Livro, 1976.

Namoros com a medicina. São Paulo e Belo Horizonte: Livraria Martins Editora e Itatiaia, 1980.

O baile das quatro artes. São Paulo e Brasília: Livraria Martins Editora e Instituto Nacional do Livro, 1975.

O empalhador de passarinho. Belo Horizonte: Itatiaia, 2002.

Poesias completas, volumes 1 e 2. São Paulo: Livraria Martins Editora, 1979. [Rio de Janeiro: Nova Fronteira, 2013, edição organizada por Tatiana Longo Figueiredo e Telê Ancona Lopez.]

2. Da correspondência

Cartas a Manuel Bandeira. Rio de Janeiro: Organização Simões Editora, 1958. [*Correspondência Mário de Andrade/Manuel Bandeira,* São Paulo: Editora da Universidade de São Paulo, 2001. Edição organizada por Marcos Moraes.]

Mário de Andrade escreve cartas a Alceu, Meyer e outros, organização de Lygia Fernandes. Rio de Janeiro: Editora do Autor, 1968.

Cartas de Trabalho. Correspondência com Rodrigo Mello Franco de Andrade, organização de Lélia Coelho Frota. Brasília: Iphan, 1981. [*Mário de Andrade/Rodrigo M. F. de Andrade: Correspondência anotada,* São Paulo: Todavia, 2023. Edição organizada por Maria de Andrade, com notas de Clara de Andrade Alvim e Lélia Coelho Frota.]

Cartas a Murilo Miranda, organização de Yedda Braga Miranda. Rio de Janeiro: Nova Fronteira, 1981.

Cartas, organização de Oneyda Alvarenga. São Paulo: Duas Cidades, 1983.

Pio & Mário, diálogo da vida inteira. A correspondência entre o fazendeiro Pio Lourenço Corrêa e Mário de Andrade, 1917--1945. São Paulo: Edições Sesc SP; Rio de Janeiro: Ouro sobre Azul, 2009.

3. Outras obras

"Chostacovitch". Prefácio a Victor Seroff, *Dimitri Chostacovitch*. Rio de Janeiro: O Cruzeiro, 1945.

O turista aprendiz. São Paulo: Duas Cidades, 1976. [*O turista aprendiz*. Brasília: Iphan, 2015. Edição organizada por Telê Ancona Lopez e Tatiana Longo Figueiredo, com a colaboração de Leandro Raniero Fernandes.]

Táxi e crônicas no Diário Nacional. São Paulo: Duas Cidades, 1976.

O banquete. São Paulo: Duas Cidades, 1977.

"Anteprojeto para a criação do Serviço do Patrimônio Histórico e Artístico Nacional". *Revista do Patrimônio*, Iphan, n. 30, 2002, pp. 271-87. Fac-símile do documento datilografado de 1936.

4. Textos não incluídos em livros

Carta a Hélio Pellegrino, manuscrito datado de 16 nov. 1944 (consultada em 1986 por gentileza do destinatário).

"Correspondência da Missão de Pesquisas Folclóricas", n. 29. Acervo Histórico da Discoteca Oneyda Alvarenga, Centro Cultural São Paulo, Secretaria Municipal de Cultura de São Paulo.

"Dia de São Paulo" (discurso pronunciado a 25 de janeiro de 1936). *Revista do Arquivo Municipal*, v. XIX, jan. 1936.

Discurso de abertura do curso de etnografia promovido pelo Departamento de Cultura e ministrado por Dina Lévi-Strauss, 1936. São Paulo: Acervo Histórico da Discoteca Oneyda Alvarenga, Centro Cultural São Paulo, Secretaria Municipal de Cultura de São Paulo.

"Exposição dos atos e consequências da Missão Folclórica atualmente em viagem pelo Norte do Brasil", 23 de maio de 1938. São Paulo: Acervo Histórico da Discoteca Oneyda Alvarenga, Centro Cultural São Paulo, Secretaria Municipal de Cultura de São Paulo.

"Homenagem à professora Adelfa Silva Rodrigues de Figueiredo" (discurso de encerramento do Curso de Biblioteconomia do Departamento de Cultura). *Revista do Arquivo Municipal*, v. xxxiv, abr. 1937.

"Normas para a boa pronúncia da língua nacional no canto erudito". *Revista do Arquivo Municipal*, v. xxxix, set. 1937.

"Prefácio" a *Na pancada do ganzá. Arte em Revista*, n. 3. São Paulo: Ceac, 1983.

Texto do folheto distribuído pelo Departamento de Cultura no Concerto Público de 2 de março de 1936. Acervo Mário de Andrade, Instituto de Estudos Brasileiros, usp.

Obras de outros autores

ABDANUR, Elizabeth. *Os "ilustrados" e a política cultural em São Paulo: o Departamento de Cultura na gestão Mário de Andrade (1935-1938)*. Dissertação (mestrado em História) — Unicamp, 1993.

ALTHUSSER, Louis. *Ideologia e aparelhos ideológicos de Estado.* Lisboa: Presença, 1974.

ALVARENGA, Oneyda. "Sonora política". *Revista do Arquivo Municipal*. São Paulo: fev. 1946, v. cvi.

ANDERSON, Benedict. *Comunidades imaginadas: reflexões sobre a origem e a difusão do nacionalismo.* São Paulo: Companhia das Letras, 2008.

APPIAH, Kwame Anthony. *Cosmopolitanism: Ethics in a World of Strangers.* Nova York; Londres: Norton, 2006.

AZEVEDO, José Eduardo (org.). *Acervo de Pesquisas Folclóricas de Mário de Andrade 1935-1938*, São Paulo: smc/ccsp, 2000.

BARBATO JR., Roberto. *Missionários de uma utopia nacional-popular: os intelectuais e o Departamento de Cultura de São Paulo.* São Paulo: Fapesp/Annablume, 2004.

BERGER, Peter L. *A construção social da realidade*. Petrópolis: Vozes, 1973.

BOMENY, Helena. *Um poeta na política: Mário de Andrade, paixão e compromisso*. Rio de Janeiro: Casa da Palavra, 2012.

BOTELHO, André; HOELZ, Maurício. *O modernismo como movimento cultural: Mário de Andrade, um aprendizado*. Petrópolis: Vozes, 2022.

BRITO, Mário da Silva. "Introdução" à edição fac-similar de *Klaxon*. São Paulo: Livraria Martins Editora, 1972.

BUARQUE DE HOLANDA, Aurélio. *Novo Dicionário da Língua Portuguesa*, Rio de Janeiro: Nova Fronteira, 1975.

BURGESS, Anthony. *This Man and Music*. Nova York: Avon Books, 1985.

CALIL, Carlos Augusto; PENTEADO, Flávio Rodrigo (org.). *Mário de Andrade: me esqueci completamente de mim, sou um Departamento de Cultura*. São Paulo: Prefeitura de São Paulo/Imprensa Oficial, 2015.

CAMPOS, Haroldo de. *Morfologia do Macunaíma*. São Paulo: Perspectiva, 1973.

CANDIDO, Antonio. *Formação da literatura brasileira*. v. 1 e 2. Belo Horizonte: Itatiaia, 1975.

CARLINI, Álvaro. *Cante lá que gravam cá: Mário de Andrade e a Missão de Pesquisas Folclóricas de 1938*. Dissertação (mestrado em História) — Universidade de São Paulo, 1994.

_____. *A viagem na viagem: maestro Martin Braunwieser na Missão de Pesquisas Folclóricas do Departamento de Cultura de São Paulo*. Tese (doutorado em História) — Universidade de São Paulo, 2000.

_____.; LEITE, Egle Alonso (org.). *Catálogo Histórico-Fonográfico da Discoteca Oneyda Alvarenga*. São Paulo: SMC/CCSP, 1993.

CAROZZE, Valquíria Maroti. *Oneyda Alvarenga: da poesia ao mosaico das audições*. São Paulo: Alameda, 2014.

CAVALCANTI, Maria Laura. "Cultura popular e sensibilidade romântica: as danças dramáticas de Mário de Andrade". *Revista Brasileira de Ciências Sociais*, 2004, n. 19, pp. 57-78.

_____. "Mário de Andrade, folclorista". Em: ANDRADE, Mário. *Aspectos do folclore brasileiro*. São Paulo: Global, 2019, pp. 147-70.

CERQUEIRA, Vera Lúcia Cardim de. *Contribuições de Samuel Lowrie e Dina Lévi-Strauss ao Departamento de Cultura de São Paulo (1935-1938)*. Dissertação (mestrado em Ciências Sociais) — Pontifícia Universidade Católica, São Paulo, 2010.

CERQUEIRA FILHO, Gisálio. *A "questão social" no Brasil: crítica do discurso político*. Rio de Janeiro: Civilização Brasileira, 1982.

COLI JR., Jorge. "Mário de Andrade: Introdução ao pensamento musical". *Revista do IEB*. São Paulo: 1972, n. 12.

CUNHA, Celso; CINTRA, Lindley. *Nova Gramática do Português Contemporâneo*, Rio de Janeiro: Nova Fronteira, 1985.

DASSIN, Joan. *Política e poesia em Mário de Andrade*. São Paulo: Duas Cidades, 1978.

DAVIDOFF, Maria Regina (org.). *Catálogo da Sociedade de Etnografia e Folclore*. São Paulo: SMC/CCSP, 2004.

DUARTE, Paulo. *Mário de Andrade por ele mesmo*. São Paulo: Hucitec, 1977.

DUMAZEDIER, Joffre. *Sociologia empírica do lazer*. São Paulo: Perspectiva, 1979.

FERNANDES, Florestan. *A sociologia numa era de revolução social*. Rio de Janeiro: Zahar, 1976.

FREUD, Sigmund. *A interpretação dos sonhos*. v. 1 e 2. Rio de Janeiro: Imago, 1972.

_____. *Totem e tabu e outros trabalhos*. Rio de Janeiro: Imago, 1974.

FOUCAULT, Michel. *A vontade de saber*. Rio de Janeiro: Graal, 1980.

_____. *Microfísica do poder*. Rio de Janeiro: Graal, 1982.

_____. *Vigiar e punir*. Petrópolis: Vozes, 1983.

FRY, Dennis. *Homo loquens: o homem como animal falante*. Rio de Janeiro: Zahar, 1978.

GOFFMAN, Erving. *Manicômios, prisões e conventos*. São Paulo: Perspectiva, 1974.

GOLDMANN, Lucien. *Ciências humanas e filosofia*. São Paulo: Difel, 1967.

GOMES, Angela Maria de Castro *et al*. "Revolução e restauração: a experiência paulista no período da constitucionalização". Em: _____(org.). *Regionalismo e centralização política*. Rio de Janeiro: Nova Fronteira, 1980.

GRAMSCI, Antonio. *Os intelectuais e a organização da cultura*. Rio de Janeiro: Civilização Brasileira, 1968.

_____. *Literatura e vida nacional*. Rio de Janeiro: Civilização Brasileira, 1968.

_____. *Maquiavel, a política e o Estado moderno*. Rio de Janeiro: Civilização Brasileira, 1978.

HACKING, Ian. *Historical Ontology*. Cambridge (MA): Harvard University Press, 2002.

HANSEN, Peter S. *An Introduction to Twentieth Century Music*. Boston: Allyn and Bacon, 1967.

HANSLICK, Eduard. *Do belo musical: uma contribuição para a revisão da estética musical*. Campinas: Editora da Unicamp, 1989.

HOBSBAWM, Eric; RANGER, Terence (org.). *A invenção das tradições*. Rio de Janeiro: Paz e Terra, 1984.

JARDIM, Eduardo. *A brasilidade modernista — sua dimensão filosófica*. Rio de Janeiro: Graal, 1978.

_____. *A constituição da ideia de modernidade no modernis-*

mo brasileiro. Tese (doutorado em Filosofia) — Universidade Federal do Rio de Janeiro, 1983.

_____. *Limites do moderno: o pensamento estético de Mário de Andrade*. Rio de Janeiro: Relume Dumará, 1999.

_____. *Mário de Andrade: a morte do poeta*. Rio de Janeiro: Civilização Brasileira, 2005.

_____. *Eu sou trezentos: Mário de Andrade, vida e obra*. Rio de Janeiro: Edições de Janeiro, 2015.

JOLLES, André. *Formas simples*. São Paulo: Cultrix, 1976.

JUNG, Carl Gustav. *O símbolo da transformação na missa*. Petrópolis: Vozes, 1985.

KIRSTEN, José Tiacci. "Nota sobre a reformulação da estrutura do índice do custo de vida no município de São Paulo". *Estudos econômicos*, 1972, v. 2, n. 5, pp. 171-200.

KNOLL, Victor. *Paciente arlequinada*. São Paulo: Hucitec, 1983.

LAFETÁ, João Luís. "Estética e ideologia: o modernismo em 1930". *Argumento*. Rio de Janeiro: Paz e Terra, n. 2, 1973.

LATOUR, Bruno. *Reassembling the Social: An Introduction to Actor-Network Theory*. Oxford; Nova York: Oxford University Press, 2007.

LÉVI-STRAUSS, Claude. *Tristes tropiques*. Paris: Plon, 1984.

LIMA, Hermes. *Anísio Teixeira: estadista da educação*. Rio de Janeiro: Civilização Brasileira, 1978.

LOPEZ, Telê Ancona. *Mário de Andrade: ramais e caminhos*. São Paulo: Duas Cidades, 1972.

LOVE, Joseph. *A locomotiva: São Paulo na federação brasileira, 1889-1937*. Rio de Janeiro: Paz e Terra, 1982.

LUFT, Celso Pedro. *Língua e liberdade: por uma nova concepção da língua materna*. Porto Alegre: L&PM, 1985.

LUZ, Madel. *Medicina e ordem política brasileira*. Rio de Janeiro: Graal, 1982.

MAFFESOLI, Michel. *A sombra de Dionísio*. Rio de Janeiro: Graal, 1985.

MARCONDES, Marcos Antônio. *Enciclopédia da música brasileira: erudita, folclórica, popular*. São Paulo: Art Editora, 1977.

MASLIAH, Leo. "Conversación entre un tal Perez y un tal Rodriguez sobre cosas estrechamente vinculadas a la técnica en el arte". *La Del Taller*, n. 1, Talleres Latinoamericanos de Música Popular, Montevideo, 1984.

MORAVIA, Matheus de Sá; REZENDE, Rafael. "César Guimarães, um professor". *Cadernos de Estudos Sociais e Políticos*, 2019, v. 8, n. 14, pp. 84-90.

MORSE, Richard M. *Formação histórica de São Paulo*. São Paulo: Difel, 1970.

NAGLE, Jorge. "A educação na Primeira República". Em: FAUSTO, Boris (org.). *O Brasil republicano: sociedade e instituições*. São Paulo: Difel, 1977.

NATTIEZ, Jean-Jacques. *Musicologie générale et sémiologie*. Paris: Christian Bourgois, 1987.

NOGUEIRA, Antonio Gilberto Ramos. *Por um inventário dos sentidos: Mário de Andrade e a concepção de patrimônio e inventário*. São Paulo: Fapesp/Hucitec, 2005.

NUSSBAUM, Martha. "Reply". In: COHEN, Joshua (ed.). *For Love of Country: Debating the Limits of Patriotism*. Boston: Beacon Press, 1996, pp. 131-44.

ORTIZ, Renato. *Cultura brasileira e identidade nacional*. São Paulo: Brasiliense, 1985.

PERRONE-MOISÉS, Leyla. "Macunaíma e a 'entidade nacional brasileira'". Em: _____. *Vira e mexe, nacionalismo: paradoxos do nacionalismo literário*. São Paulo: Companhia das Letras, 2007, pp. 188-209.

PRADO, Maria Lígia Coelho. *A democracia ilustrada: o Partido Democrático em São Paulo, 1926-1934*. São Paulo: Ática, 1986.

RAFFAINI, Patricia. *Esculpindo a cultura na forma Brasil: o Departamento de Cultura de São Paulo (1935-1938)*. São Paulo: Humanitas, 2001.

RAMOS, Plínio de Abreu. *Os partidos paulistas e o Estado Novo.* Petrópolis: Vozes, 1980.

SANDRONI, Carlos. *Um sabor de Joana D'Arc: cultura e política em Mário de Andrade.* Dissertação (mestrado em Ciência Política) — Instituto Universitário de Pesquisas do Rio de Janeiro, 1987.

SCHWARZ, Roberto. "Nacional por subtração". Em: _____. *Que horas são?.* São Paulo: Companhia das Letras, 1987, pp. 29-48.

SOARES, Lélia Gontijo. "Introdução". Em: *Mário de Andrade e a Sociedade de Etnografia e Folclore, 1936-1939.* São Paulo: SMC; Rio de Janeiro: Funarte/INF, 1983.

SOUZA, Gilda de Mello. *O tupi e o alaúde.* São Paulo: Duas Cidades, 1979.

TARABORRELLI, Angela. *Contemporary Cosmopolitanism.* Londres: Bloomsbury, 2015.

TRAVASSOS, Elizabeth. *Os mandarins milagrosos: arte e etnografia em Mário de Andrade e Béla Bartók.* Rio de Janeiro: Zahar/Funarte/MinC, 1997.

TÉRCIO, Jason. *Em busca da alma brasileira: biografia de Mário de Andrade.* Rio de Janeiro: Estação Brasil, 2019.

TONI, Flávia. "Me fiz brasileiro para o Brasil". *Revista do Patrimônio Histórico e Artístico Nacional*, v. 20, n. 72-89, 2002.

_____. "Missão: as pesquisas folclóricas". *Revista USP*, n. 77, 2008, p. 24-33.

VALENTINI, Luísa. *Um laboratório de antropologia: o encontro entre Mário de Andrade, Dina Dreyfus e Claude Lévi-Strauss (1935-1938).* São Paulo: Alameda, 2013.

VIANNA, Luiz Werneck. *Liberalismo e sindicato no Brasil.* Rio de Janeiro: Paz e Terra, 1976.

WAGNER, Roy. *A invenção da cultura.* São Paulo: Cosac Naify Portátil, 2012 [1975].

WISNIK, José Miguel. *O coro dos contrários: a música em torno da Semana de 1922*. São Paulo: Duas Cidades, 1977.

_____. *O som e o sentido: uma outra história das músicas*. São Paulo: Companhia das Letras, 1989.

_____. "Cultura pela culatra". Em: _____. *Sem receita: ensaios e canções*. São Paulo: Publifolha, 2004, pp. 107-120.

_____. "Rasga o coração". *Cadernos de Literatura Comparada*. n. 46, 2022, pp. 11-20.

_____; SQUEFF, Enio. *O nacional e o popular na cultura brasileira: música*. São Paulo: Brasiliense, 1982.

WOLF, Maryanne. *O cérebro no mundo digital: os desafios da leitura na nossa era*. São Paulo: Contexto, 2019.

Artigos da *Revista do Arquivo Municipal*
(no período em que foi dirigida por Mário de Andrade)

1. Artigos assinados

BALDUS, Herbert. "Conceito moderno de etnologia", v. XVIII, nov. 1935.

BUENO DOS REIS, Dr. João de Deus. "Análise dos programas para o Concurso de Educadoras Sanitárias dos Parques Infantis", v. XXXII, fev. 1937.

CASTRO, Josué de. "As condições de vida das classes operárias no Recife (Estudo econômico de sua alimentação)", v. XVIII, nov.-dez. 1935.

LOWRIE, Samuel. "A assistência filantrópica da cidade de São Paulo", v. XXVII e XXVIII, set.-out. 1936.

MIRANDA, Nicanor. "Plano inicial da Seção de Parques Infantis", v. XXI, mar. 1936.

PATERNOSTRO, Júlio. "Padrão de vida em Minas Gerais — inquérito sobre o modo de viver dos camponeses numa área do norte do estado de Minas Gerais", v. XXXIX, set. 1937.

RUDOLFER, Bruno. "Conceito estatístico na formação das áreas administrativas, seus limites e superfícies no município de São Paulo", v. XXXI, jan. 1937.

2. Artigos não assinados

"As diversões em São Paulo", v. XIII, jun. 1935.

"Ensaio de um método de estudo da distribuição da nacionalidade dos pais dos alunos dos grupos escolares da cidade de São Paulo", v. XXV, jul. 1936.

"Projeto de pesquisa da densidade e distribuição da população da capital de São Paulo", v. XIX, jan. 1936.

3. Discursos reproduzidos na *Revista do Arquivo Municipal*

MIRANDA, Nicanor. "Clube de Menores Operários do Departamento de Cultura", palestra pronunciada perante o Conselho Diretor do Rotary Clube de São Paulo. v. XLVIII, jun. 1938.

_____. "Concurso de Robustez Infantil", discurso proferido na festa de comemoração do Dia da Raça (12 de outubro de 1937). v. XL, out. 1937.

OLIVEIRA, Armando de Sales. Discurso pronunciado a 25 de janeiro de 1936 no Teatro Municipal de São Paulo por ocasião do aniversário da cidade. v. XIX, jan. 1936.

PRADO, Fábio da Silva. Discurso pronunciado ao microfone da Rádio São Paulo por ocasião do aniversário da cidade. v. XIX, jan. 1936.

_____. Discurso de inauguração da avenida Nove de Julho. v. XIV, jul. 1935.

VICENTE DE AZEVEDO, Antônio. "Pela cultura", discurso pronunciado na Câmara Municipal de São Paulo a 23 e 25 de outubro de 1936. v. XXVIII, out. 1936.

MESQUITA FILHO, Júlio de. Discurso de paraninfo da primeira turma de formandos da Faculdade de Filosofia, Ciências e Letras da USP. v. XXXII, fev. 1937.

Outros documentos

Ato n. 1.154, de 6 de julho de 1936 (Regulamenta os divertimentos públicos, dispõe sobre as contribuições a que estão sujeitos, altera o Ato n. 1.004, de 24 de janeiro de 1936 e dá outras providências). Publicado na *Revista do Arquivo Municipal*, v. XXV, jul. 1936.

Ato n. 1.146, de 4 de julho de 1936. Trata-se do diploma legal de consolidação do Departamento de Cultura (que já estava criado pelo Ato n. 861, de 30 de maio de 1935). Detalha as atribuições de cada divisão e subdivisão do departamento. Não consultei o original, mas as passagens transcritas por Paulo Duarte em sua obra citada.

"Informações sobre a Escola Livre de Sociologia e Política de São Paulo — Memorial apresentado aos senhores deputados". Publicado na *Revista do Arquivo Municipal*, v. XV, ago. 1935.

Acampamento Permanente, edição do Departamento de Cultura, Arquivo Municipal de São Paulo, [*s.d.*].

Entrevistas de Luís Saia no Nordeste durante a Missão de Pesquisas Folclóricas do Departamento de Cultura: "As actividades da comissão do Departamento de Cultura de São Paulo", *Jornal do Commercio*, Recife, 15 fev. 1938; "O folclore como base de investigação histórica", *Diário da Manhã*, Recife, 15 fev. 1938; "Para investigar o folk-lore musical no Norte", *Folha da Manhã*, Recife, 15 fev. 1938. São Paulo: Acervo Histórico da Discoteca Oneyda Alvarenga, Centro Cultural São Paulo, Secretaria Municipal de Cultura de São Paulo.

Cartas de Luís Saia a Mário de Andrade durante a Missão de Pesquisas Folclóricas. São Paulo: Acervo Histórico da Discoteca Oneyda Alvarenga, Centro Cultural São Paulo, Secretaria Municipal de Cultura de São Paulo.

"Contra o vandalismo e o extermínio", discurso proferido por Paulo Duarte na Assembleia Legislativa de São Paulo a 6 de outubro de 1937 e publicado n'*O Estado de S. Paulo* a 7 e 8 do mesmo mês.

Agradecimentos

Agradeço à Fundação Ford e à ANPOCS pela bolsa de estudos que, nos anos 1980, facilitou a pesquisa e a redação da dissertação de mestrado que foi a primeira versão deste livro. Agradeço a meu orientador César Guimarães por apoio e interlocução decisivos no percurso. Agradeço aos demais professores que tive no IUPERJ (atual IESP-UERJ), Sérgio Abranches, Renato Raul Boschi e Nelson do Valle Silva, e também aos saudosos Luiz Werneck Vianna, Wanderley Guilherme dos Santos, Edmundo Campos Coelho e Amaury de Souza. Agradeço a Eduardo Jardim, que me acolheu como aluno especial numa cadeira sobre modernismo ministrada na pós-graduação em Filosofia da PUC-RJ. E agradeço a meus colegas da turma de mestrado em Ciência Política de 1982, em especial, Isabel Lustosa, Marcos Chor Maio, Nísia Trindade Lima e Aloísio Henrique Carvalho. Entre professores e colegas, não tenho dúvidas de que desfrutei entre 1982 e 1986 de um ambiente privilegiado de debate e troca de ideias no casarão da rua da Matriz, 82.

Agradeço a Cristina Zahar por seu apoio moral e material quando, no início dos anos 2000, aceitou minha proposta de reeditar o livro. Isso acabou não se concretizando pela minha dificuldade em revisá-lo naquele momento. Precisei de mais quinze anos para ter mais segurança sobre o que eu gostaria de manter, e o que modificar da versão original.

Agradeço a Isaura Botelho por seu entusiasmo por este livro desde sempre. No Sesc-SP, agradeço a Maurício Trindade, Cristianne Lameirinha e Maria Elaine Andreoti pelo apoio na concretização desta nova edição.

Sobre o autor

Carlos Sandroni é professor-titular de Etnomusicologia no Departamento de Música da Universidade Federal de Pernambuco (UFPE). Possui graduação em Sociologia pela PUC do Rio de Janeiro (1981), mestrado em Ciência Política pelo Instituto Universitário de Pesquisas do Rio de Janeiro (1987) e doutorado em Musicologia pela Universidade de Tours, França (1997). Escreveu e organizou, entre outros livros, *Feitiço decente: transformações do samba no Rio de Janeiro — 1917-1933* (Rio de Janeiro: Jorge Zahar/UFRJ, 2001) e *Patrimônio cultural em discussão* (com Sandro Guimarães de Salles, Recife: UFPE, 2014). Violonista e compositor, lançou em 2014 o CD autoral *Sem regresso* (Recife: Funcultura).

Fonte	Magno Sans
	Dashiell Text
Papel	Pólen Bold 90 g/m²
	Supremo Alta Alvura 250 g/m²
Impressão	Maistype
Data	junho de 2024